DAVIDE BIANCHI SERGIO VASTARELLA

GEOblog

IL MONDO IN CLASSE

LE REGIONI D'ITALIA

GIUNTI T.V.P. editori

INDICE

VIAGGIO NELLE...

20 REGIONI ITALIANE

REGIONI, PROVINCE, COMUNI

In questo volume farai un lungo viaggio nel nostro Paese, attraversando le sue 20 regioni, le sue bellissime città, i capoluoghi di regione o di provincia e tantissimi comuni. Ma che cosa sono le regioni, le province e i comuni? Vediamolo insieme...

Gli enti locali

Lo Stato, per una più efficace organizzazione, ha affidato alcuni compiti agli **enti locali e territoriali**, cioè le regioni, le province e i comuni, attuando quello che viene chiamato **decentramento amministrativo**, un trasferimento di funzioni o poteri dall'amministrazione centrale alle istituzioni locali.

Le regioni

Dal punto di vista politico-amministrativo l'Italia è suddivisa in **20 regioni**. La ripartizione in regioni è stata adottata al momento dell'unificazione del Regno d'Italia, nel 1861. Riconosciuta dalla Costituzione del 1948, essa è entrata in vigore nel 1970.

Si tratta di una divisione storica di tipo politico, alla quale non sempre corrisponde un'identità geografica: in altre parole, non sempre questa divisione rispecchia dei caratteri geografici differenti. Se metti a confronto due regioni geograficamente lontane, come per esempio la Valle d'Aosta e la Sicilia, puoi facilmente trovare elementi del paesaggio che le distinguono; se invece provi a confrontare regioni vicine, per esempio Marche e Toscana, puoi stentare a distinguere i caratteri geografici tipici dell'una e dell'altra, specie se non vi sono confini naturali, come una catena o un massiccio montuoso, il corso di un fiume o il mare.

Ogni regione ha un **capoluogo regionale**, dove si trova la sede dell'amministrazione regionale. Tutte le regioni, attraverso i loro organi di governo, possono emanare e fare attuare **leggi regionali** sulle materie stabilite dall'articolo 117 della nostra Costituzione, purché tali leggi non siano in contrasto con quelle dello Stato.

Le regioni a statuto speciale

Cinque regioni italiane sono **a statuto speciale**: significa che godono di maggiori poteri e autonomia rispetto alle altre regioni, dette **a statuto ordinario**. Due di queste sono le isole maggiori, la Sicilia e la Sardegna, alle quali lo statuto speciale è concesso per ragioni storiche e per meglio affrontare le particolari problematiche derivanti dalla loro posizione geografica; le altre tre sono regioni di confine, che ospitano minoranze etniche e linguistiche: la Valle d'Aosta, il Trentino-Alto Adige e

▲ Un cartello stradale che indica il confine fra la regione Emilia-Romagna e la regione Toscana.

Gli organi di governo della regione

Gli organi di governo della regione sono il Consiglio regionale, la Giunta e il Presidente. Il **Consiglio** è eletto ogni cinque anni dagli abitanti della regione. Ha facoltà di emanare leggi e deliberare su questioni di carattere regionale (sviluppo economico, servizi sociali, pianificazione territoriale ecc.) e può fare proposte di legge al Parlamento. La **Giunta regionale**, i cui membri sono nominati dal **Presidente**, è l'organo esecutivo della regione, cioè ha il compito di fare attuare le leggi regionali. La Giunta è formata da vari assessori, ciascuno dei quali si occupa di un settore (lavori pubblici, turismo ecc.), e da un Presidente. Il Presidente è eletto dai cittadini, tranne che in Valle d'Aosta e Trentino-Alto Adige, dove viene eletto dal Consiglio regionale.

Le regioni a statuto speciale

il Friuli Venezia Giulia. Il Trentino-Alto Adige è un caso ancora più particolare: comprende **due province autonome**, quella di Trento e quella di Bolzano, che sono le uniche due province italiane dotate di potere legislativo (cioè che possono emanare leggi proprie, come le regioni).

Le province

A loro volta le regioni sono suddivise in province, ognuna con un proprio **capoluogo**; fa eccezione la Valle d'Aosta, il cui intero territorio fa capo al capoluogo regionale, Aosta, senza ulteriori suddivisioni (è quindi l'unica regione italiana a non avere province).
A differenza della regione, la provincia **non emana leggi proprie** (a parte quelle di Trento e di Bolzano, come abbiamo visto), ma fornisce una serie di servizi che interessano più comuni e riguardano soprattutto la viabilità e i trasporti, la tutela dell'ambiente, la valorizzazione dei beni culturali, l'organizzazione della raccolta dei rifiuti, la cura dei servizi sociali, la caccia e la pesca nelle acque interne.

I comuni

Il comune è l'ente locale più vicino ai cittadini, quello che provvede alle loro esigenze più immediate. I comuni possono avere importanza molto differente: ci sono comuni che contano poche centinaia di abitanti e altri che superano il milione di persone, comuni con un territorio molto vasto (come solitamente accade ai comuni di montagna) e altri meno estesi. In generale, la tendenza degli ultimi anni è quella di una diminuzione del numero di comuni sul territorio italiano, in quanto molti si sono unificati, o hanno in progetto di fondersi, in un'ottica di riduzione dei costi e degli sprechi. Nonostante queste differenze, tutti i 7999 comuni italiani hanno analoghe funzioni.
I **principali compiti** del comune riguardano:

- la **gestione di alcuni servizi di primaria importanza**, quali la manutenzione dell'acquedotto, il servizio di raccolta e smaltimento dei rifiuti, la rete delle fognature, il mantenimento della rete stradale comunale, del verde pubblico e l'organizzazione dei trasporti pubblici;
- l'**organizzazione** e la **gestione di servizi alla persona**, cioè di quanto è necessario per il benessere sociale dei cittadini, in primo luogo i servizi sociali ed educativi (asili nido e edifici per la scuola statale). I comuni provvedono anche all'organizzazione di una polizia locale;
- la **gestione del territorio**, cioè la pianificazione dello sviluppo urbanistico, delle strutture residenziali, commerciali e destinate alle attività produttive;
- il comune si occupa inoltre di funzioni amministrative quali l'**aggiornamento delle liste dei cittadini** attraverso l'ufficio dell'anagrafe: qui vengono registrati la nascita, i cambiamenti di residenza, il matrimonio e la morte di ogni abitante.

▲ La valorizzazione dei beni culturali fa parte delle competenze che spettano alle province. Questo cartello, per esempio, segnala i tesori storico-artistici della provincia di Bari.

Gli organi di governo del comune

Gli organi del comune sono il Consiglio comunale, la Giunta e il Sindaco. Il **Consiglio** è eletto ogni cinque anni dagli abitanti del comune. Approva il bilancio del comune e ha funzioni di indirizzo politico e di controllo sull'attività della Giunta. La **Giunta** è formata dal Sindaco e dagli assessori da lui nominati, ciascuno dei quali si occupa di un settore particolare. Anche la Giunta ha svariate funzioni, tra cui predisporre il bilancio e deliberare sui progetti dei lavori pubblici. Il **Sindaco** è il primo cittadino e quindi il rappresentante del comune; convoca e presiede la Giunta, organizzandone il lavoro.

Federalismo e città metropolitane

La riforma del titolo V della Costituzione, nel 2001, ha modificato l'impianto istituzionale dell'Italia in un'ottica di netto decentramento amministrativo (**federalismo**). I poteri delle regioni a statuto ordinario sono stati ampliati, mentre le competenze legislative dello Stato sono state limitate ad alcune materie fondamentali. La riforma ha anche introdotto la **città metropolitana**, organo di governo che comprende una grande città e i comuni limitrofi, a essa legati per ragioni geografiche ed economiche. Nel 2013 il Parlamento ha finalmente approvato l'istituzione effettiva di 14 città metropolitane. Dalla più alla meno popolosa, sono Roma Capitale, Milano, Napoli, Torino, Palermo, Bari, Catania, Firenze, Bologna, Genova, Venezia, Messina, Reggio Calabria, Cagliari.

La città metropolitana di Milano comprende Milano e altri 133 comuni vicini.

ITINERARIO IN

VALLE D'AOSTA

Tra imponenti ghiacciai e antichi castelli, in questa vallata si respira l'atmosfera della vicina Francia. È la regione più piccola d'Italia, ma sul suo territorio si trovano le più alte vette d'Europa.

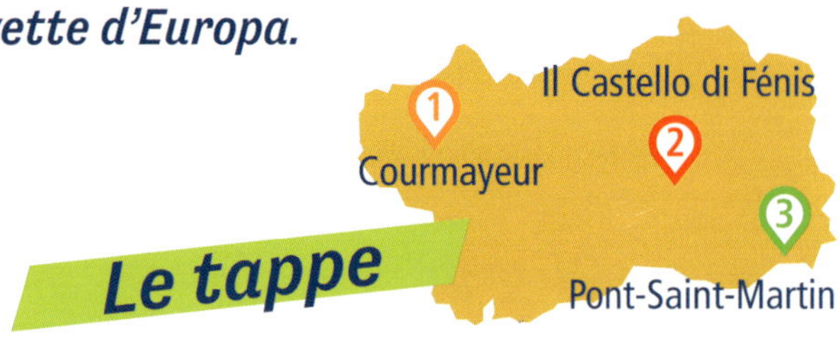

1 *Courmayeur*

Questo piccolo centro montano si trova all'estremità nord-occidentale della regione, al confine con la Francia e ai piedi dell'imponente massiccio del **Monte Bianco**. Nonostante abbia meno di 3000 abitanti, Courmayeur è una destinazione turistica molto frequentata: d'inverno per la pratica degli sport invernali, d'estate per ogni genere di attività all'aria aperta, dalle tranquille passeggiate in mezzo ai boschi alle impegnative scalate delle vette più difficili, come il suggestivo **Dente del Gigante**, un enorme spuntone di roccia che fa parte del massiccio del Monte Bianco e raggiunge un'altezza di 4013 metri.

2 *Il Castello di Fénis*

Situato nell'omonimo comune a circa 13 chilometri a est di Aosta, il Castello di Fénis è uno dei più belli e suggestivi della Valle d'Aosta e di tutta l'Italia. Con la sua doppia cinta di mura, le numerose torri e l'imponente torrione centrale, sembra uscito da un libro di avventura ambientato nel Medioevo, e infatti è stato usato come set per molti film storici e fantastici. Il castello fu costruito nel Trecento dalla nobile famiglia degli Challant e, per quanto dotato di impressionanti strutture difensive, non fu mai attaccato dai nemici.

3 *Pont-Saint-Martin*

Primo comune della Valle d'Aosta per chi vi giunge dal Piemonte, questo paese prende il nome dal bellissimo **ponte romano**, costruito nel I secolo a.C. e ancora utilizzato, che attraversa il torrente Lys e unisce le due metà del centro abitato. Una leggenda racconta che il ponte fu costruito in una sola notte dal diavolo in persona, su incarico del vescovo San Martino di Tours, che per convincerlo gli aveva promesso l'anima del primo essere vivente che l'avrebbe attraversato. Ma San Martino ingannò il diavolo, facendo passare sopra il ponte un povero cagnolino, e il demonio dovette tornare all'inferno a mani vuote.

Territorio

SUPERFICIE: 3264 km^2

Monti:
Monte Bianco (4807 m),
Monte Rosa (4637 m),
Cervino (4478 m),
Gran Paradiso (4061 m).

Fiumi:
Dora Baltea (160 km),
Buthier (40 km),
Lys (40 km).

Laghi:
Lago di Beauregard (artificiale),
Lago di Place Moulin (artificiale),
Lago di Verney.

GUIDA ALLO STUDIO FISSO I CONCETTI

1. Ricerca sulla carta i principali monti.
2. Individua sulla carta il principale fiume della regione.

Il territorio e il clima

La Valle d'Aosta è la meno estesa delle regioni italiane e il suo territorio è occupato per intero dalla catena montuosa delle Alpi Occidentali. Confina a ovest con la Francia, a nord con la Svizzera, a sud e a est con il Piemonte.
La Valle d'Aosta è una regione estremamente... elevata! L'altezza media è infatti di 2100 metri e solo il 20% della sua superficie è al di sotto dei 1500 metri. Qui si trova la vetta più alta d'Europa: il **Monte Bianco**, che raggiunge i 4807 metri. Vi sono altre tre cime che superano i 4000 metri: il **Monte Rosa**, seconda vetta delle Alpi, il **Cervino**, dalla caratteristica forma a piramide, e il **Gran Paradiso**, unico "4000" interamente compreso nel territorio italiano. Il Bianco ha infatti anche un versante che fa parte della Francia, mentre il Rosa e il Cervino hanno entrambi un versante svizzero.
I numerosi **ghiacciai** – ve ne sono ben 210 – coprono il 6% della superficie regionale e costituiscono immensi serbatoi d'acqua.
La parte centrale della Valle d'Aosta è occupata da un'**ampia valle** che si estende per una lunghezza di 100 chilometri ed è attraversata, da ovest a est, dalla **Dora Baltea**, che nasce dal Monte Bianco ed è il più importante fiume della regione. In questa valle si affacciano tante altre valli laterali, più piccole, i cui versanti sono ricoperti da fitti boschi.
Il clima della regione è tipicamente **alpino**: gli inverni sono rigidi, con abbondanti nevicate, e le estati fresche. Nel fondovalle, nelle località più riparate dai venti, il clima è fresco, ma in estate può risultare caldo e talvolta persino afoso.

◀ Uno stambecco nel Parco del Gran Paradiso.

GEO PATRIMONIO

GEO VERDE

Il 20% del territorio della Valle d'Aosta è considerato area protetta: all'interno di un'area protetta la flora e la fauna sono... intoccabili! Il **Parco Nazionale del Gran Paradiso**, senz'altro il più importante della regione, è stato la prima grande area protetta istituita in Italia, nel 1922, per tutelare la flora e la fauna alpine. Il parco si estende su 70.000 ettari (la parte meridionale appartiene al Piemonte e abbraccia un territorio che passa dagli 800 metri del fondovalle ai 4061 metri della vetta del Gran Paradiso). Boschi di abeti, larici e pini, vaste praterie alpine, rocce e ghiacciai costituiscono lo splendido e vario scenario in cui vivono liberi più di tremila stambecchi (animali simbolo del parco), oltre settemila camosci e una ventina di coppie di aquile reali. Si possono inoltre incontrare marmotte, lepri, volpi, cervi e decine di specie di uccelli.
E non è tutto: in Valle d'Aosta ci sono dieci riserve naturali, quattro giardini alpini e un altro parco bellissimo, il **Parco Regionale del Mont Avic**.

Uno scorcio del Parco Nazionale del Gran Paradiso.

GEO FOLK

La fiera di Sant'Orso

Nel Medioevo i commerci tra paesi lontani erano difficili e poco frequenti. Per questo, in molte città si teneva una volta all'anno una **grande fiera** dove i mercanti giungevano da ogni località e la gente acquistava tutto quello che poteva servire fino all'anno successivo. Una di queste fiere era quella di Sant'Orso, ad Aosta, che si tiene ancora oggi il 30 e 31 gennaio, a oltre mille anni dalla prima "edizione". Vi si può trovare di tutto, ma il pezzo forte sono gli oggetti artigianali in legno, da scodelle e cucchiai a vere e proprie sculture.

▲ La caratteristica cima del Cervino.

Aosta

Capoluogo della regione, Aosta è una bella cittadina posta in una **conca circondata da alte montagne** a circa 600 metri di altitudine. Fondata dai Romani nel 25 a.C., conserva importanti **testimonianze del passato**, tra cui l'Arco di Augusto, il Teatro e la Porta Pretoria. Al periodo medievale si devono la Cattedrale e la Collegiata di Sant'Orso. Aosta è un importante "incrocio" di vie di comunicazione, da cui si raggiungono il tunnel del Monte Bianco, che collega l'Italia alla Francia, e il traforo del Gran San Bernardo, tra l'Italia e la Svizzera.

L'Arco di Augusto.

▲ Un immigrato nordafricano in una vigna.

Città e province

Lo stemma della Valle d'Aosta riproduce quello, più antico, del Ducato d'Aosta, con un leone d'argento su fondo nero.

Capoluogo: Aosta.
Popolazione: 127.329 ab.
Densità: 39 ab./km²

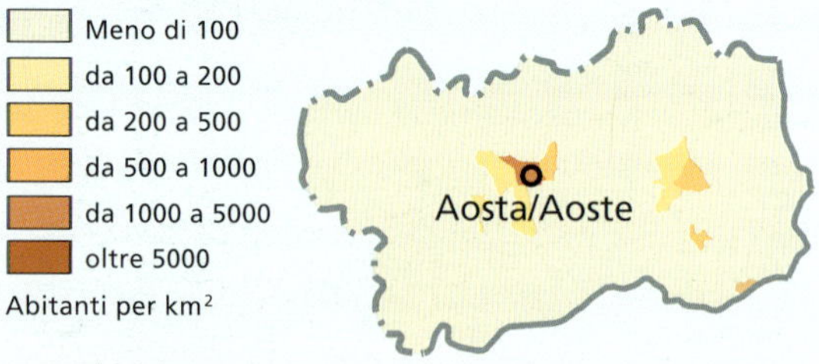

GUIDA ALLO STUDIO — FISSO I CONCETTI

1 In quali zone della regione si trovano i maggiori centri abitati?
2 La densità della regione è elevata?
3 Quante lingue si parlano in Valle d'Aosta?

La popolazione e le città

La Valle d'Aosta è la regione meno popolosa e meno densamente abitata d'Italia.

La popolazione si concentra soprattutto nei fondovalle, dove sorgono gli insediamenti più grandi, ma pur sempre di dimensioni modeste, mentre le alte valli sono poco popolate e caratterizzate da centri di piccole dimensioni. Nelle più rinomate **località turistiche**, ai pochi residenti si aggiungono numerosi turisti sia d'estate sia d'inverno. Caratteristiche delle zone alpine sono le **malghe**, costruzioni che vengono occupate dai pastori durante la stagione estiva, quando portano gli animali negli alpeggi.

La regione ha mantenuto vive nel tempo tradizioni e lingue diverse. Oltre all'italiano infatti si parla il **francese**, perché prima di entrare a far parte dell'Italia questa regione è stata sotto il dominio della Francia. Anche il dialetto locale, il patois, ha profonde influenze francesi. Il bilinguismo e la posizione geografica le hanno permesso di essere riconosciuta, nel 1948, come **regione a statuto speciale**.

La Valle d'Aosta attira oggi un grande numero di **immigrati**, in particolare dal Nord dell'Africa, che trovano impiego nei settori dell'agricoltura e della pastorizia.

▲ Impianti sciistici nella località turistica di Pila.

▲ Un allevamento di bovini nei pressi di Cervinia.

▶ Forme di fontina, il tipico formaggio valdostano.

L'economia

La Valle d'Aosta è tra le regioni più ricche d'Italia: la sua risorsa principale è il **turismo**, favorito dalle bellezze naturali, dai numerosi impianti sciistici e dalle moderne attrezzature alberghiere e sportive. L'abbondanza di acqua alimenta molte **centrali idroelettriche**: esse consentono la produzione di energia, che in parte viene esportata nelle regioni vicine e in parte rifornisce le industrie del fondovalle; sono presenti in particolare **industrie** alimentari, tessili e siderurgiche. Queste ultime, tuttavia, già da alcuni decenni sono entrate in crisi e hanno fortemente ridotto la propria produzione. Molto diffuse sono le **imprese artigianali**, specializzate nella lavorazione del legno e del ferro battuto.

Una buona risorsa è rappresentata dall'**allevamento** dei bovini, che forniscono il latte con cui si producono formaggi famosi come la fontina, mentre l'agricoltura è limitata ai fondovalle (si producono mele, pere, uva e patate). Dai vigneti si ricavano **vini** di pregio.

Essendo terra di confine, questa regione ha svolto sin dall'antichità un importante ruolo di collegamento con i Paesi d'oltralpe: una caratteristica in seguito accentuata dal potenziamento di **importanti vie di comunicazione**, come il tunnel del Monte Bianco e quello del Gran San Bernardo, che favoriscono lo sviluppo delle attività commerciali e industriali.

GEO PATRIMONIO

Ancora oggi sono visibili molte testimonianze della presenza dei Romani che, anticamente, avevano occupato la regione. Tra le più interessanti e meno conosciute c'è un tratto di strada lastricata nei pressi di **Pont-Saint-Martin**; se ti capita, prova a cercarlo e a visitarlo di persona. Nel corso del Medioevo il territorio venne suddiviso in numerosi feudi presidiati da castelli fortificati, che ancora oggi costituiscono uno straordinario patrimonio storico e artistico. Tra i più bei castelli della Valle d'Aosta ricordiamo quello di **Fénis**, a pianta pentagonale e caratterizzato da molte torri, quello di **Verrès**, squadrato e innalzato su una rupe a precipizio, e quello di **Issogne**, che custodisce preziosi affreschi e una famosa fontana di pietra.

Il Castello di Issogne.

Attività economiche

ADDETTI PER SETTORE

Popolazione attiva: 63,5%
Disoccupati: 9,1%

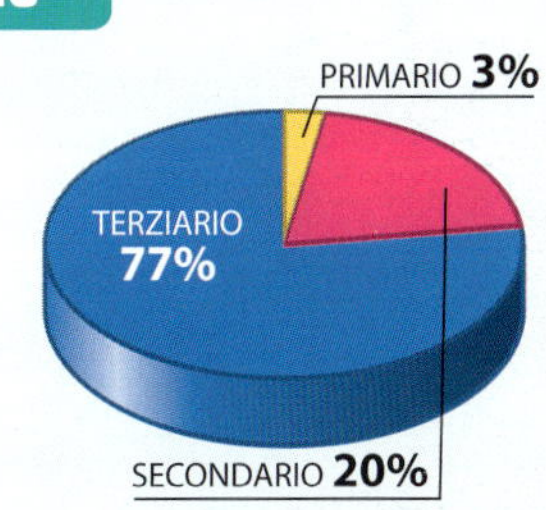

- Coltivazioni agrarie
- Praterie e pascoli
- Boschi e arbusteti
- Sterile e incoltivabile
- Pesca
- Industria
- Aeroporti
- Porti

GUIDA ALLO STUDIO FISSO I CONCETTI

1 Qual è la principale risorsa economica della Valle d'Aosta?
2 Perché l'allevamento è importante?

ITINERARIO IN...

PIEMONTE

La regione da cui è partita la spinta verso l'Unità d'Italia è ancora oggi una delle più importanti, sia dal punto di vista economico, sia per i suoi splendidi paesaggi e i tesori artistici e naturali.

1 Le Isole Borromee

In mezzo al **Lago Maggiore**, vicino alla cittadina di Stresa, sorgono le Isole Borromee, chiamate così perché sono da secoli di proprietà della nobile famiglia dei Borromeo, casata di cui fu membro anche San Carlo, vescovo di Milano alla fine del Cinquecento. Le isole principali sono tre: l'**Isola Madre**, con una splendida villa immersa in un parco; l'**Isola dei Pescatori**, con caratteristiche case antiche e ristoranti dove si cucina il pesce di lago; e infine l'**Isola Bella**, la più visitata dai turisti, che vi arrivano con motoscafi e battelli per ammirare il palazzo dei Borromeo, ricco di opere d'arte, e il giardino, che ospita piante esotiche da tutto il mondo.

Bovini al pascolo nel Parco Nazionale della Val Grande.

GEO PATRIMONIO

GEO VERDE

In Piemonte esistono ancora aree naturali incontaminate e selvagge. Tra queste merita un cenno particolare la **Val Grande**, che si estende tra Domodossola e il Lago Maggiore e rappresenta l'area disabitata più vasta d'Italia.

Un parco nazionale ne protegge il territorio, la flora e la fauna. Tra le numerose specie animali che vivono nel parco ricordiamo l'aquila reale, il falco pellegrino, camosci, caprioli e piccoli mammiferi.

L'area del parco è di difficile accesso: per chilometri e chilometri non esistono infatti centri abitati né strade asfaltate, ma solo sentieri di montagna e alpeggi abbandonati. Può essere percorsa solo a piedi, e per farlo sono necessari almeno due giorni; occorre quindi pernottare in tenda, un'esperienza da compiere in compagnia di persone esperte.

L'aquila reale.

2 Le Langhe

Situate al confine tra Cuneo e Asti, le Langhe sono una regione storica del Piemonte caratterizzata da una distesa di dolci colline, particolarmente fertili grazie anche all'acqua dei molti fiumi che attraversano la zona, tra cui il Tanaro, il Belbo e la Bormida. È il terreno ideale per la coltivazione della vite: qui infatti si producono alcuni dei **vini** più famosi del mondo, come il Barolo, che prende il nome da un piccolo comune in provincia di Cuneo. Nelle vicinanze si trova l'antica cittadina di **Alba**, famosa per i pregiatissimi tartufi bianchi. Si tratta di tuberi che crescono sotto terra e sono raccolti dai cercatori con l'aiuto di cani dall'olfatto finissimo.

3 La Sacra di San Michele

Chi giunge all'imbocco della Val di Susa provenendo da Torino non può non notare, sul lato sinistro della valle, la sagoma del **Monte Pirchiriano**, che svetta come una torre solitaria alta quasi 1000 metri. Sul cucuzzolo del monte si trova un'imponente costruzione di pietra che sembra starsene appesa in bilico sulle altissime pareti rocciose della montagna. Si tratta della Sacra di San Michele, un grande **monastero** costruito nel Medioevo, intorno al X secolo, per dare accoglienza ai viaggiatori che percorrevano la Via Francigena, il percorso fatto dai pellegrini che partivano dalla Francia per raggiungere Roma e, da lì, la città santa di Gerusalemme.

4 La terra dei walser

Ai piedi del massiccio del Monte Rosa sorgono numerosi piccoli centri montani, come Gressoney-La-Trinité in Valle d'Aosta e, in Piemonte, Alagna Valsesia e Macugnaga. Questi paesi furono per secoli abitati dai **walser**, una popolazione di origine tedesca proveniente dal cantone del Vallese, in Svizzera, ed emigrata in questa zona a partire dal XII secolo. La loro presenza è evidente ancora oggi nell'architettura delle case in pietra e legno, e nel dialetto parlato dai loro discendenti, simile al tedesco antico. Gli abitanti dei borghi Walser sono fieri delle proprie origini e hanno allestito musei che illustrano la vita quotidiana dei loro antenati, come la Casa Museo Walser a Borca, frazione di Macugnaga.

Il territorio

Il territorio della regione comprende il versante interno dell'arco alpino occidentale e un tratto di Appennino; ai piedi delle montagne si estendono varie zone collinari e la Pianura Padana. Il Piemonte confina a ovest con la Francia, a nord con la Valle d'Aosta e la Svizzera, a est con la Lombardia, a sud con la Liguria e, per un breve tratto, l'Emilia-Romagna.

Le **montagne** più alte della regione segnano il confine con la Valle d'Aosta e la Svizzera e appartengono al gruppo del Monte Rosa, che supera i 4600 metri. Al confine tra Piemonte e Valle d'Aosta si eleva anche il Gran Paradiso (vedi Valle d'Aosta). Più a sud sorge la mole imponente del Monviso, sul cui versante orientale si trovano le sorgenti del Po.

Nella parte meridionale della regione si estendono le **aree collinari** delle Langhe e del Monferrato. Ancora più a sud ha inizio l'Appennino, che segna il confine con la Liguria e si spinge sino a poca distanza dal mare. Le colline caratterizzano anche il Canavese e i dintorni di Torino.

Al confine tra Piemonte e Lombardia c'è il Lago Maggiore, di origine glaciale, secondo in Italia per superficie dopo il Lago di Garda. Alimentato tra gli altri dai fiumi Ticino e Toce, è stretto, lungo e profondo; la sua massa d'acqua mitiga il clima della fascia costiera. Nel Lago Maggiore, a poca distanza dalla costa piemontese, si trovano le bellissime Isole Borromee.

Più a ovest c'è il piccolo Lago d'Orta, al centro del quale sorge l'Isola di San Giulio.

A sud dei laghi si estende la parte più occidentale della **Pianura Padana**, caratterizzata da ampi campi coltivati e risaie. Il **Po** ne percorre il tratto più meridionale, ricevendo numerosi affluenti. I più importanti scendono dalle Alpi e sono la Dora Riparia, la Dora Baltea, la Stura, il Sesia e il Ticino; quelli minori provengono dall'Appennino e sono il Tanaro (nel quale confluisce la Bormida) e lo Scrivia.

Territorio

SUPERFICIE: 25.402 km²

Monti:
Monte Rosa (4637 m),
Gran Paradiso (4061 m),
Monviso (3841 m).

Fiumi:
Po (652 km),
Tanaro (276 km),
Ticino (248 km),
Dora Baltea (160 km),
Bormida (154 km),
Sesia (138 km),
Dora Riparia (95 km).

Laghi:
Lago Maggiore,
Lago d'Orta.

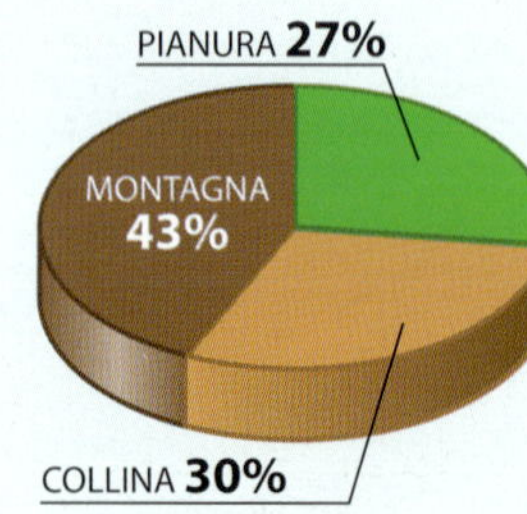

GUIDA ALLO STUDIO — FISSO I CONCETTI

1. Ricerca sulla carta i principali monti e laghi del Piemonte.
2. Segui il corso del Po lungo il territorio piemontese e individuane gli affluenti.

▼ Uno scorcio panoramico del Lago Maggiore.

▼ Il gruppo del Monte Rosa.

Torino

Il nome della città deriva da quello di un'antica **tribù celtica**, i Taurini, che ne fondarono il nucleo più antico. Le origini della città attuale risalgono invece all'**epoca romana**, di cui si conservano la pianta a scacchiera, la Porta Palatina e i ruderi del teatro.

Torino sorge sulla sponda sinistra del Po, a breve distanza dalle Alpi, ed è sin dall'antichità un importante snodo di comunicazione con le regioni transalpine. Tra i principali monumenti dell'elegante centro storico merita un cenno particolare Palazzo Madama, costruito sui resti di un'antica porta romana e più volte ampliato e modificato nel corso dei secoli. Altri edifici famosi sono la Mole Antonelliana, il Duomo e la Basilica di Superga. A questi edifici storici nel 2015 si è aggiunto come punto di riferimento della città il grattacielo progettato dal celebre architetto Renzo Piano, sede di un importante gruppo bancario. Torino è anche una città ricca di aree verdi: tra i parchi più belli è famoso quello del Valentino, lungo il corso del Po.

Una veduta della città con la Mole Antonelliana.

Il clima

Il clima dell'area alpina è molto rigido in inverno e fresco in estate, soprattutto alle quote elevate; qui la piovosità è maggiore rispetto al resto della regione. Il clima della pianura è invece continentale e umido, con estati calde e afose e inverni freddi e nebbiosi. Le coste del Lago Maggiore godono di un clima più mite e ventilato. L'area collinare e quella appenninica presentano un clima più fresco rispetto a quello della pianura e meno rigido di quello alpino.

La popolazione e le città

Nel secondo dopoguerra lo sviluppo industriale ha portato in Piemonte una notevole immigrazione interna, soprattutto dalle regioni dell'Italia Meridionale; ai giorni nostri invece è in costante aumento l'immigrazione dai Paesi dell'Est europeo, dall'Africa e dall'Asia.

La distribuzione della popolazione è molto irregolare: a **Torino** vive circa un quarto dei piemontesi, mentre l'intera provincia ne ospita più della metà. Le aree di pianura sono densamente abitate soltanto in prossimità dei capoluoghi, ma per il resto presentano vaste zone agricole caratterizzate da insediamenti piccoli e piuttosto distanti l'uno dall'altro. Regioni montuose o collinari poco abitate caratterizzano le zone a sud di Cuneo e Asti e quelle a nord di Verbania e intorno a Domodossola. Lungo le sponde del Lago Maggiore la densità di popolazione aumenta e si incontrano alcuni importanti centri turistici, come Stresa. L'altopiano di Biella e l'area montuosa soprastante sono caratterizzati da numerosi piccoli insediamenti ravvicinati che si estendono verso ovest sino alla Serra di Ivrea, e verso est fino alla Valsesia.

Città e province

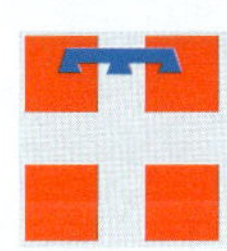

Lo stemma del Piemonte è quadrato, con croce d'argento in campo rosso e una figura araldica azzurra a tre gocce. Risale al 1424, anno in cui il duca Amedeo VIII di Savoia conferì al figlio primogenito il titolo di principe di Piemonte.

Capoluogo: Torino.

Altre province: Alessandria, Asti, Biella, Cuneo, Novara, Verbano-Cusio-Ossola, Vercelli.

Popolazione: 4.404.246 ab.

Densità: 173 ab./km2

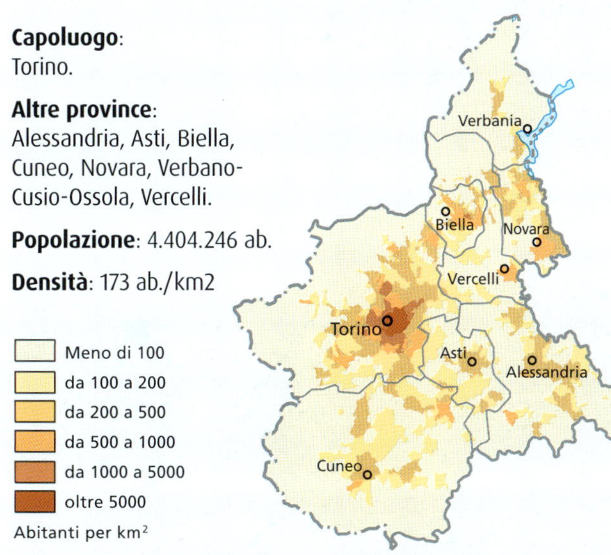

GUIDA ALLO STUDIO FISSO I CONCETTI

1 In quante province è diviso il Piemonte?
2 Come è distribuita la popolazione?
3 Che cosa significa "immigrazione interna"?
4 Da dove provengono gli immigrati che attualmente giungono in Piemonte?

▲ La catena di montaggio della FIAT.

▶ La produzione vinicola è una delle più sviluppate della regione.

GEO FOLK

Il Carnevale di Ivrea

Il Carnevale di Ivrea è una delle feste tradizionali più famose e particolari del Piemonte. Si tratta della rievocazione di una rivolta popolare, forse leggendaria. Durante i giorni del Carnevale circolano nelle vie del centro i carri delle diverse contrade (rioni) che scatenano una furiosa **battaglia a colpi di arance**. Naturalmente non mancano i costumi e le maschere. Lo spettacolo cui si assiste è molto suggestivo, ma può diventare talvolta pericoloso: per evitare di essere colpiti bisogna indossare un berretto rosso, che contraddistingue chi non partecipa alla "battaglia".

Attività economiche

ADDETTI PER SETTORE

Popolazione attiva: 62,4%

Disoccupati: 9,6%

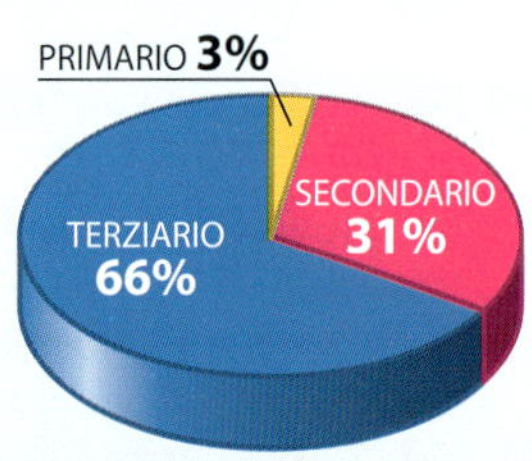

GUIDA ALLO STUDIO FISSO I CONCETTI

1 Da che cosa è favorita l'agricoltura piemontese? Che cosa produce in particolare?

2 Qual è il settore economico attualmente più in espansione? Perché?

L'economia

La bassa pianura, in gran parte coltivata, è molto fertile e ottimamente irrigata grazie a un fitto sistema di canali che sfrutta anche l'acqua delle risorgive. Numerose sono le risaie, dalle quali proviene oltre la metà della produzione italiana di **riso**. Le Langhe e il Monferrato sono tra le più importanti aree vinicole d'Italia e producono **vini** particolarmente rinomati. La zona di Alba è celebre per i pregiati **tartufi bianchi**. Anche l'allevamento, soprattutto quello dei **bovini**, è un'attività importante, praticata sia in pianura sia in montagna.

L'industria ha avuto notevole sviluppo e riveste tuttora un ruolo significativo nell'economia della regione. La **FIAT** è l'azienda automobilistica più grande d'Italia, e nel 2014 è diventata parte di un grande gruppo multinazionale fondendosi con il colosso statunitense Chrysler. Attorno a essa ruotano molte piccole e medie industrie che producono componenti e accessori per la costruzione delle auto. L'industria **tessile** è particolarmente sviluppata nel Biellese, quella **alimentare** nell'Alessandrino.

Tra le **attività artigianali** hanno un ruolo di rilievo le oreficerie (Valenza), le argenterie (Vercelli) e i mobilifici (Saluzzo).

Tuttavia sono le attività del **settore terziario** ad assumere un ruolo economico sempre più importante, prime fra tutte quelle commerciali, favorite dalla posizione geografica e da una efficiente rete stradale e ferroviaria. Queste ultime fanno del Piemonte un importante snodo dei trasporti europei, anche

▲ Risaie allagate nel Vercellese.

▶ I pregiati tartufi di Alba.

grazie agli importanti trafori del Sempione e del Frejus.
L'aeroporto di Torino Caselle ha una grande rilevanza commerciale e turistica e contribuisce a rendere molto efficiente il sistema di trasporti e di collegamenti della regione.

Il **turismo** rappresenta una risorsa significativa, soprattutto grazie alla notevole varietà di attrattive naturali, culturali ed eno-gastronomiche.

GEO PATRIMONIO

Nella cittadina di **Susa** si trova l'Arco di Augusto, testimonianza dell'antico dominio romano su gran parte dell'attuale Piemonte.
Risalgono all'epoca medievale invece alcune importanti abbazie, come quella di **Vezzolano**, che è talmente ben conservata e integra da far rivivere a chi la visita l'atmosfera della sua epoca antica.
A **Vercelli** si trova la splendida Chiesa di Sant'Andrea: eretta nella prima metà del Duecento, è uno dei primi esempi di architettura gotica in Italia.

L'Arco di Augusto a Susa.

L'Abbazia di Vezzolano.

A **Oropa**, sulle montagne del Biellese, sorge un famoso Santuario, di origini molto antiche e più volte ampliato nel corso dei secoli. È un luogo molto suggestivo e ha una particolarità: dall'ampio cortile, guardando attraverso la porta d'accesso, non si vede il terreno su cui sorge ma solo il cielo, come se l'intero edificio fosse sospeso.
L'**Isola di San Giulio**, al centro del piccolo Lago d'Orta, ospita edifici antichi e affascinanti: se vuoi visitare l'isola puoi farlo percorrendo un bellissimo sentiero pedonale che si inoltra tra le antiche case dei pescatori.
Torino ospita alcuni tra i beni artistici più celebri del Piemonte, anche grazie al suo antico ruolo di capitale; vi si può visitare, tra l'altro, un museo egizio tra i più importanti del mondo.

Il Museo Egizio di Torino.

ITINERARIO IN LIGURIA

Stretta tra i monti e il mare, è una terra che i suoi abitanti hanno dovuto lavorare duramente per poterne ricavare i mezzi per vivere. Da sempre molto legata al mare, è conosciuta in tutto il mondo per le sue località marittime, autentiche "perle" del Mediterraneo.

Le tappe

1 Sanremo

Affacciata sulla Riviera di Ponente, la città di Sanremo è un centro turistico molto frequentato. Qui ogni anno, verso febbraio, si svolge uno degli eventi musicali e televisivi più seguiti in Italia, il **Festival della Canzone Italiana**. La zona intorno a Sanremo è detta anche Riviera dei Fiori perché, grazie al suo clima mite, vi prospera l'attività della **floricoltura**.

2 Toirano

Situato nell'entroterra della Riviera di Ponente, questo piccolo centro è famoso per le spettacolari **grotte**, visitate ogni anno da migliaia di turisti. La più nota è la Grotta della Bàsura ("strega" in dialetto ligure), con i suoi suggestivi complessi di stalattiti e stalagmiti. Qui sono stati trovati resti di uomini preistorici vissuti circa 12.000 anni fa.

3 Triora

Borgo di montagna nell'entroterra nei pressi di Imperia, Triora è conosciuto anche come il "**paese delle streghe**" perché qui, alla fine del Cinquecento, le autorità condannarono a morte diverse donne del luogo, accusate di stregoneria. Il paese ospita il Museo della Stregoneria e, ogni autunno, un **festival** dedicato alla letteratura fantastica e al cinema dell'orrore.

4 La Spezia

Importante centro portuale sulla Riviera di Levante, la città di La Spezia è sede di una delle più importanti basi della Marina Militare Italiana e sul suo territorio si trovano numerosi **cantieri navali** dove vengono costruite alcune delle più grandi navi italiane, come la portaerei Cavour, nave ammiraglia della Marina Militare, entrata in servizio nel 2010.

Territorio

SUPERFICIE:
5422 km²

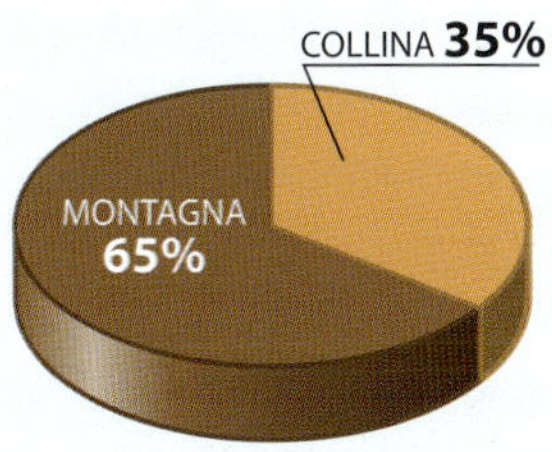

Monti:
Monte Saccarello (2200 m),
Monte Maggiorasca (1799 m),
Monte Ceppo (1627 m).

Fiumi:
Magra (62 km),
Roia (59 km),
Vara (58 km),
Arroscia (42 km).

GUIDA ALLO STUDIO FISSO I CONCETTI

1 Ricerca sulla carta le cime più alte delle Alpi Marittime e dell'Appennino Ligure.
2 Individua sulla carta la Riviera di Levante e quella di Ponente.

GEO PATRIMONIO

GEO VERDE

In Liguria l'istituzione di parchi naturali e aree protette è stata ed è tuttora particolarmente importante per tutelare le bellezze di un territorio in alcuni casi compromesso dall'inquinamento industriale e dallo sviluppo edilizio a volte incontrollato. Tra le aree protette c'è il **Parco Naturale del Monte di Portofino**, che preserva un'area in parte marittima e in parte montana. All'interno del parco numerosi sentieri si inoltrano nei boschi e percorrono la costa lontano da traffico e inquinamento: è quindi possibile compiere lunghe e interessanti passeggiate, e visitare l'antica **Abbazia di San Fruttuoso**, che risale al X secolo e si affaccia su una piccola baia.
Sono tutelate da un Parco Nazionale anche le **Cinque Terre**, con i suggestivi paesi di Monterosso, Vernazza, Corniglia, Manarola e Riomaggiore, abbarbicati sulle rocce della costa. L'area protetta comprende anche un tratto di mare.

La baia di Portofino, dominata dall'omonimo promontorio.

Il territorio e il clima

La Liguria è una striscia sottile di terra a forma di arco che si estende tra il mare e le montagne; confina a ovest con la Francia, a nord con Piemonte ed Emilia-Romagna, a est con la Toscana; si affaccia, a sud, sul Mar Ligure.
I **rilievi** della regione sono costituiti dalle Alpi Marittime e dall'Appennino Ligure, separati dal Colle di Cadibona. Le Alpi Marittime occupano solo una piccola parte del territorio, ma appartiene a esse la cima più elevata della Liguria, il Monte Saccarello (2200 metri). Gli Appennini comprendono invece una porzione notevole della regione, e le loro pendici si spingono fino al mare, formando alte scogliere. Le colline si alternano ai rilievi montuosi, senza formare una fascia ben distinta.
La costa della Liguria viene comunemente suddivisa in **Riviera di Ponente** e **Riviera di Levante**, rispettivamente a ovest e a est di Genova. Nella Riviera di Ponente i rilievi digradano verso il mare con dolci declivi e ampie valli. Nella Riviera di Levante, invece, in alcuni tratti i monti scendono a picco sul mare con coste alte e rocciose. All'estremità occidentale del Golfo della Spezia si trova un piccolo arcipelago formato dalle tre isole di Palmaria, Tino e Tinetto. Data la vicinanza delle montagne al mare, in Liguria mancano fiumi importanti, mentre sono numerosi i corsi d'acqua a carattere torrentizio. Alla foce di alcuni fiumi i detriti hanno formato piccole e fertili aree pianeggianti, come la Piana di Albenga.

▼ Il paesino di Vernazza, una delle Cinque Terre.

Il porto di Genova, dominato dalla famosa "Lanterna", simbolo della città.

Genova

Il primo nucleo della città ha **origini antichissime** e fu fondato all'estremità di una baia naturale. L'ubicazione geografica ne segnò la fortuna, tanto che la città divenne, nel Medioevo, una potente **Repubblica marinara**. Il centro storico è un dedalo di vie strette (i carrugi) che salgono dal mare verso la collina. La parte più moderna si estende invece lungo la costa, nello scarso spazio esistente tra i rilievi e il mare. L'attività commerciale del **porto** di Genova (il principale d'Italia e uno dei più importanti del Mediterraneo) ha favorito lo sviluppo delle attività industriali e l'espansione della città: da Voltri a Nervi l'area urbana e industriale si estende per oltre 30 chilometri. In quest'area vive circa la metà degli abitanti della regione. Genova è anche un importante snodo del traffico turistico, sia verso le coste regionali sia verso la Sardegna.

Città e province

Lo stemma della regione è costituito da una caravella stilizzata, colorata in argento, con una vela bianca con croce rossa e stelle d'argento nei riquadri.

Capoluogo: Genova.

Altre province: Imperia, La Spezia, Savona.

Popolazione: 1.571.053 ab.

Densità: 290 ab./km2

GUIDA ALLO STUDIO FISSO I CONCETTI

1. Quante province ci sono in Liguria? Quale si trova nel Levante?
2. Dove è concentrata prevalentemente la popolazione ligure?
3. Nelle zone di montagna e nell'entroterra la densità è alta? Per quale motivo?

GEO FOLK

Uniti nel nome del pesto...

Per i liguri il pesto non è semplicemente un condimento, ma una vera e propria **tradizione** e un elemento di identità regionale. L'autentico pesto ligure è fatto con basilico, olio extravergine di oliva, aglio, pinoli, sale e i formaggi parmigiano e pecorino. Il tutto deve essere rigorosamente "pestato" a mano con mortaio di marmo e pestello di legno. Si dice che questa ricetta derivi da quella di una salsa usata dagli antichi Romani, il *moretum*, che è stata addirittura citata dal grande poeta Virgilio in una delle sue opere. Qualunque sia la sua origine, è una vera prelibatezza!

▲ Visitatori all'Acquario di Genova.

La Riviera ligure presenta un **clima** eccezionalmente **mite** grazie al mare, che rilascia in inverno il calore accumulato nella stagione estiva, e alle montagne, che proteggono la costa dai venti freddi del nord; questo fenomeno è più evidente lungo la Riviera di Ponente, protetta da montagne più alte. Nell'entroterra il clima è invece di tipo **continentale**, ed è rigido a quote elevate. La piovosità è superiore alla media italiana, soprattutto nel Levante.

La popolazione e le città

La Liguria ha un'**alta densità** abitativa; la popolazione è concentrata prevalentemente lungo la **fascia costiera**, soprattutto in prossimità dei porti e dei centri turistici, mentre l'**entroterra** ha una densità di popolazione molto bassa, con la sola eccezione di qualche area industriale, come Sarzana, vicino a La Spezia. In **montagna** parecchi paesi sono stati quasi completamente abbandonati dai loro abitanti, emigrati verso la costa in cerca di lavoro.

▲ La centrale termoelettrica di Vado.

▲ La raccolta delle olive presso Sant'Agata di Oneglia (Imperia).

L'economia

Stretto tra i rilievi e il mare, il territorio della Liguria non è favorevole all'agricoltura, ma la mitezza del clima e i lavori di **terrazzamento**, praticati sui pendii per ottenere terreno coltivabile, consentono colture altamente specializzate e redditizie. **Olivi** e **viti** sono le più tradizionali e tipiche, insieme a **fiori**, **frutta** e **ortaggi** coltivati quasi solo in serra.

L'economia ligure è stata parzialmente condizionata dallo sviluppo delle **città portuali**, come Genova, Savona e La Spezia. L'importanza dei porti e l'arrivo diretto di merci e materie prime hanno dato impulso alle attività siderurgiche, chimiche, petrolchimiche, meccaniche e al settore cantieristico e navale. Negli ultimi decenni, tuttavia, questi settori hanno subìto un notevole ridimensionamento.

Importante è la produzione di **energia termoelettrica**, per la quale la Liguria è ai primi posti in Italia.

Una risorsa fondamentale per l'economia della regione è il **turismo**: numerosi sono infatti i visitatori, soprattutto lungo la costa, sia d'estate sia d'inverno, grazie al clima particolarmente mite.

La **pesca** è meno rilevante di quanto si potrebbe pensare, visto il notevole sviluppo costiero, perché il mare non è molto pescoso. Gli addetti a questo settore sono pertanto in calo.

GEO PATRIMONIO

La Liguria era abitata già in epoca preistorica. Nelle **Grotte dei Balzi Rossi**, presso il confine con la Francia, sono stati rinvenuti degli antichi ominidi. A breve distanza, a **Ventimiglia**, si può invece ammirare un antico teatro romano, mentre ad **Albenga** si trova un battistero risalente al V secolo.

A **Portovenere**, vicino a La Spezia, si trova la piccola Chiesa di San Pietro, costruita tra il 1256 e il 1277 per celebrare la vittoria sui Pisani; sorge su un promontorio con una magnifica vista sul mare e sulla costa.

Le Grotte dei Balzi Rossi.

La Chiesa di San Pietro a Portovenere.

Il teatro romano di Ventimiglia.

Attività economiche

ADDETTI PER SETTORE

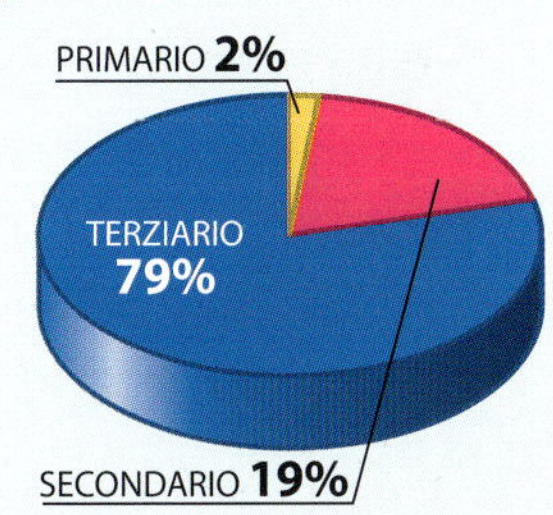

Popolazione attiva: 60,3%
Disoccupati: 10,7%

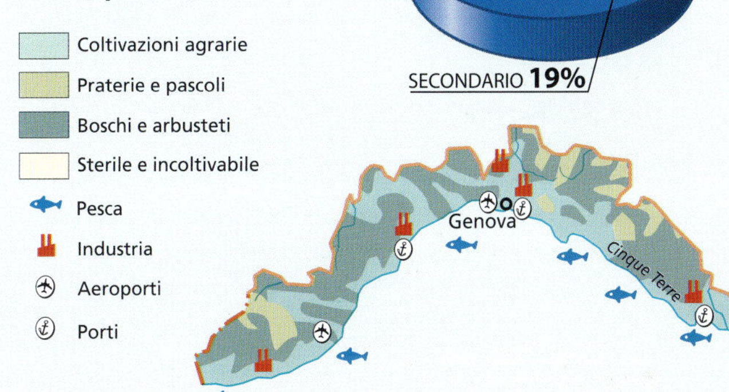

GUIDA ALLO STUDIO FISSO I CONCETTI

1 Quali sono i principali prodotti dell'agricoltura ligure?
2 Il turismo è una risorsa importante per la regione?

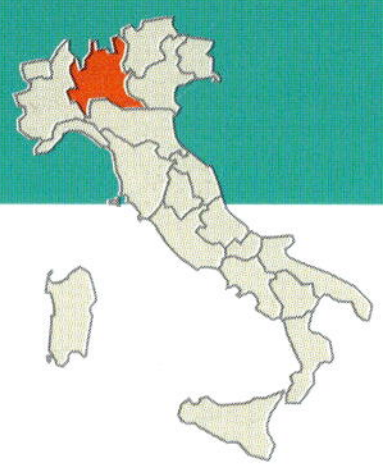

ITINERARIO IN LOMBARDIA

Cuore industriale dell'Italia, la Lombardia fonde modernità e storia, innovazione e tradizione. Dalla grande metropoli ai paesaggi incontaminati il passo è breve!

1 La Val Camonica

Una delle più grandi valli alpine, la Val Camonica, si estende per quasi 90 chilometri, dal Passo del Tonale a nord fino al Lago d'Iseo a sud. Attraversata interamente dal fiume Oglio, la Val Camonica si chiama così dal nome di un'antica popolazione che vi ha abitato dalla preistoria fino al periodo romano: i **Camuni**. Popolo misterioso, di cui si conosce pochissimo, i Camuni ci hanno però lasciato importantissime testimonianze sotto forma di affascinanti incisioni rupestri, oltre 300.000 disegni tracciati nelle grotte e sulle pareti delle montagne che circondano la valle. I disegni raffigurano uomini, animali e scene di caccia, ma anche simboli astratti, come la famosa **rosa camuna**, che è dal 1975 l'emblema della regione Lombardia.

GEO PATRIMONIO

GEO VERDE

Tra la Lombardia e il Trentino-Alto Adige si estende il **Parco Nazionale dello Stelvio**, il più vasto dell'arco alpino, caratterizzato da maestose cime, ampie foreste e verdi vallate. Ricche e varie sono la fauna e la flora: il parco è popolato da cervi, caprioli, camosci, stambecchi, aquile, galli cedroni, e offre rare specie di fiori ed erbe alpine. Anche il vicino **Parco Naturale dell'Adamello**, che abbraccia il versante sinistro della Val Camonica, presenta una fauna e una flora varie e protette. Oltre che in territori montuosi, sono stati creati dei parchi regionali anche lungo alcuni affluenti del Po; tra questi il **Parco del Ticino**, il primo parco fluviale d'Italia, che tutela una vasta area, in parte boscosa e popolata da scoiattoli, cinghiali, daini e da numerose specie di volatili.

Un cervo.

Una veduta del Parco Nazionale dello Stelvio.

2 Cremona

Cremona sorge lungo il corso del Po, al confine tra Lombardia ed Emilia-Romagna. Il monumento simbolo della città è il **Torrazzo**, il campanile del Duomo cittadino, che è anche il campanile storico più alto d'Italia. È aperto al pubblico e dalla sua sommità (112 metri), si ammira un eccezionale panorama sulla città e le pianure circostanti. Cremona è famosa anche per i liutai, i costruttori di strumenti a corda come chitarre e violini, il più famoso dei quali è **Antonio Stradivari**, che nel Settecento costruì quelli che sono ancora considerati i migliori violini del mondo: nel Palazzo Comunale se ne possono ammirare alcuni.

3 Gardone Riviera

Piccolo centro sulla sponda occidentale del Lago di Garda, **Gardone Riviera** è meta ogni anno per migliaia di turisti che vengono a visitare la grande villa, circondata da un immenso parco, in cui visse il poeta **Gabriele D'Annunzio** dal 1921 al 1938, anno della sua morte. Chiamata dallo stesso D'Annunzio Vittoriale degli Italiani, la villa è piena di oggetti bizzarri e di incredibili ricordi della vita dell'avventuroso poeta, come un aereo appeso al soffitto e l'intera prua di una nave da guerra, l'incrociatore Puglia, che spunta da uno sperone di roccia nel parco!

4 Campione d'Italia

Il comune di Campione d'Italia, posto in riva al Lago di Lugano, ha una caratteristica unica che lo distingue da tutti gli altri centri italiani: è infatti, secondo il linguaggio della diplomazia, una *exclave* italiana in territorio svizzero. Questo significa che, pur essendo sotto la sovranità italiana, è interamente circondato dalla Svizzera, e precisamente dal Canton Ticino. A Campione d'Italia si trova uno dei pochi **casinò** italiani, che è anche il più grande d'Europa.

Il territorio

La Lombardia comprende la parte centrale della Pianura Padana e si estende su un territorio vario e articolato, dalle Alpi agli Appennini. A nord confina con la Svizzera, a est con il Trentino-Alto Adige e il Veneto, a sud con l'Emilia-Romagna e a ovest con il Piemonte.

Nel settore più settentrionale della regione – che comprende le **Alpi Lepontine** e le **Alpi Retiche** – si elevano imponenti vette, tra cui il Pizzo Bernina, l'Ortles e il Cevedale, tutte coperte da ghiacciai. Ai loro piedi il paesaggio appare più dolce per la presenza di fitti boschi di conifere e ampi pascoli. Tra le Alpi e le Prealpi si allunga la **Valtellina**, percorsa dal fiume Adda. Più a sud corre la **catena prealpina**, costituita da roccia calcarea, con cime come le Grigne e il Resegone. Il paesaggio è ricco di grandi **laghi** e di importanti **fiumi**, affluenti di sinistra del Po: il Ticino, emissario del Lago Maggiore (condiviso col Piemonte e la Svizzera), l'Adda che si immette nel Lago di Como, l'Oglio che si immette nel Lago d'Iseo, il Mincio, emissario del Lago di Garda (condiviso con Veneto e Trentino). A ridosso delle Prealpi sorgono le colline della **Brianza**, rilievi di origine morenica che risalgono a milioni di anni fa e che sbarrano, a sud, i bacini dei laghi prealpini.

Più a sud ancora si estende la **Pianura Padana**, percorsa dal Po, che l'ha formata insieme ai suoi affluenti. L'area pianeggiante presenta due zone ben distinte: l'**alta pianura**, asciutta e parzialmente coperta da vegetazione spontanea, e la **bassa pianura**, fertile, ricca d'acqua e molto coltivata.

▼ Vigneti nell'Oltrepò Pavese.

Territorio

SUPERFICIE: 23.863 km²

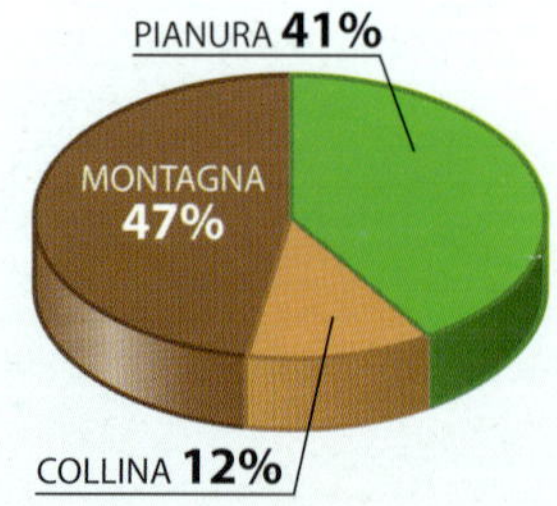

Monti:
Bernina (4049 m, ma la cima è in Svizzera),
Ortles (3905 m),
Cevedale (3769 m),
Disgrazia (3678 m),
Adamello (3539 m).

Fiumi:
Po (652 km),
Adda (313 km),
Oglio (280 km),
Ticino (248 km),
Lambro (130 km),
Mincio (75 km).

Laghi:
Lago Maggiore,
Lago di Lugano,
Lago di Varese,
Lago di Como,
Lago d'Iseo,
Lago di Garda,
Lago d'Idro,
Laghi minori di Montorfano, Pusiano, Annone e Segrino.

GUIDA ALLO STUDIO FISSO I CONCETTI

1. Individua sulla carta le diverse fasce del territorio lombardo.
2. Evidenzia i quattro principali laghi della regione, indicando gli immissari e/o gli emissari.
3. Evidenzia sulla carta la Valtellina, la Brianza e l'Oltrepò Pavese e poi specifica, per ciascuna area, di che tipo di territorio si tratta (montagna, pianura ecc.).

▼ Il tipico paesaggio della Pianura Padana lombarda.

Milano

Capoluogo della regione e seconda città d'Italia per popolazione dopo Roma, Milano fu fondata nel IV secolo a.C. e si sviluppò per cerchi concentrici attorno al nucleo originario. Acquisì importanza decisiva nel III secolo d.C., quando divenne **capitale dell'Impero Romano d'Occidente** e si trasformò poi in un florido centro di commerci, espandendosi notevolmente già in epoca medievale e rinascimentale. La sua fase di sviluppo più intenso è legata all'**industrializzazione** e risale al secolo scorso. In gran parte ricostruita dopo i bombardamenti della Seconda Guerra Mondiale, Milano presenta comunque importanti **monumenti** che ne testimoniano la lunga storia, iniziata in epoca romana: il Duomo, il Castello Sforzesco, la Basilica di Sant'Ambrogio e quella di San Lorenzo.

Il Duomo.

Il Castello Sforzesco.

In un'area di forma triangolare a sud del Po, dopo un breve tratto di pianura, si elevano le colline dell'**Oltrepò Pavese**, quasi completamente disboscate e coltivate. Ancora più a sud le colline lasciano il posto alle montagne: è l'unico tratto lombardo dell'**Appennino**, boscoso e selvaggio.

Il clima

In pianura il clima è **continentale**, con estati calde e afose e inverni freddi. In autunno e in inverno, inoltre, la bassa pianura è spesso coperta da **nebbie** persistenti. In montagna l'inverno è rigido, l'estate è fresca e le precipitazioni più abbondanti rispetto al resto della regione. Intorno ai laghi il clima è mite, con inverni non troppo freddi ed estati calde ma non afose.

La popolazione e le città

La Lombardia è la **regione più popolosa** d'Italia, con punte massime nelle zone di pianura. È anche la regione che accoglie il maggior numero di immigrati, provenienti soprattutto dai Paesi del Nord Africa, dell'Asia, del Medio Oriente e dell'Europa dell'Est. Nel 2016 i cittadini stranieri residenti in Lombardia erano circa 1.150.000, pari all'11,5% dell'intera popolazione.
L'area più popolosa è quella di **Milano**. La città e il suo hinterland – l'insieme dei comuni circostanti, che dal 2015 hanno formato un'unica realtà amministrativa con l'istituzione della città metropolitana – ospitano oltre 4 milioni di abitanti.
Al contrario, le **aree montuose** sono **poco popolate**, specialmente alle quote più elevate e nel tratto appenninico dell'Oltrepò Pavese, caratterizzato da piccoli centri isolati. Sull'arco alpino e lungo le coste dei principali laghi sorgono importanti **stazioni turistiche**; la parte più meridionale della pianura presenta invece piccoli insediamenti sparsi, in particolare nel Lodigiano, nel Cremonese e nel Mantovano.

Città e province

Lo stemma rappresenta una rosa camuna, dal nome dei Camuni, antico popolo che ha lasciato numerose incisioni rupestri in Val Camonica.

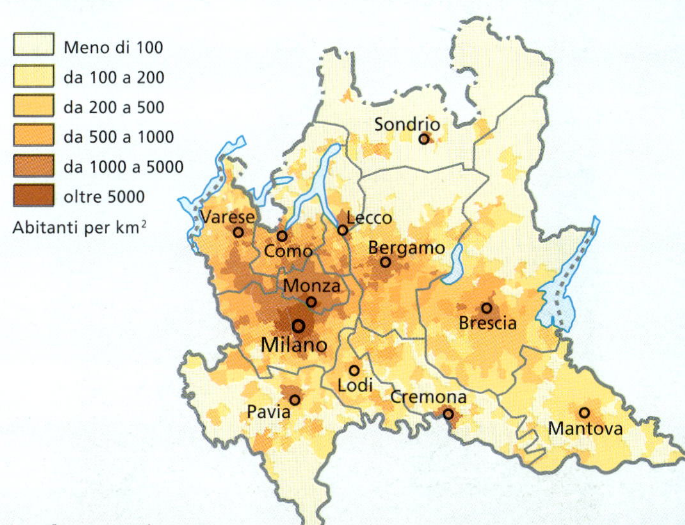

Capoluogo: Milano.
Altre province: Bergamo, Brescia, Como, Cremona, Lecco, Lodi, Mantova, Monza e Brianza, Pavia, Sondrio, Varese.
Popolazione: 10.008.349 ab.
Densità: 419 ab./km2

GUIDA ALLO STUDIO **FISSO I CONCETTI**

1 Quali sono le zone più popolate e quelle meno popolate della regione?
2 La densità della Lombardia è elevata? Fai un confronto con le altre regioni d'Italia.
3 In quali zone si trovano le principali località turistiche?

GEO FOLK

La Sagra del Carroccio

A **Legnano**, a nordovest di Milano, l'ultima domenica di maggio si ricorda e si celebra la vittoria dei Comuni riuniti nella Lega Lombarda contro l'esercito imperiale di Federico Barbarossa, avvenuta il 29 maggio 1176. La Sagra prevede una solenne sfilata con i costumi dell'epoca, dove spicca il Carroccio, grande carro a quattro ruote che recava le insegne cittadine e intorno al quale si stringevano e combattevano i soldati dei Comuni lombardi. Il culmine della Sagra è il Palio, torneo a cavallo nel quale si sfidano i rappresentanti delle otto contrade nelle quali è divisa la città.

Un momento della Sagra del Carroccio.

GEO PATRIMONIO

La Lombardia è ricca di tesori da scoprire; solo alcuni di questi sono famosi, mentre altri sono poco noti, come per esempio i resti archeologici della **civiltà di Golasecca**, sulla riva sinistra del Ticino: i ritrovamenti più antichi, che comprendono vari oggetti di uso quotidiano, risalgono a più di diecimila anni fa.
A **Sirmione**, sul Lago di Garda, si trovano invece i resti della villa che fu abitata, secondo la tradizione, dal poeta latino Catullo, e che risalgono alla prima età imperiale. A pochi chilometri dalla città di **Pavia**, sorge la Certosa, un'opera architettonica voluta dai Visconti, la famiglia che

Il Castello di Sirmione.

▼ Una sfilata di moda a Milano.

▲ Un calzaturificio artigianale in provincia di Milano.

L'economia

La Lombardia è una delle regioni italiane più attive e con il maggior reddito pro capite. L'**agricoltura**, praticata soprattutto nella bassa pianura, è **altamente specializzata**; la notevole meccanizzazione e i moderni sistemi di irrigazione consentono un'elevata resa di cereali, riso, ortaggi, frutta e uva (con la quale si ottengono vini di alta qualità). Inoltre l'abbondanza di foraggio favorisce l'**allevamento di bovini e suini**, e quindi la produzione di latte, carni, formaggi e salumi. L'attività agricola è strettamente legata all'**industria alimentare**, che è molto sviluppata.
Ma la **produzione industriale** raggiunge livelli notevoli anche nei settori siderurgico, meccanico, metalmeccanico, tessile, chimico ed elettronico. Un particolare rilievo hanno alcune **produzioni specializzate** come i mobilifici in Brianza, i calzaturifici a Vigevano e Varese, la seta a Como. Importanti sono anche i settori editoriale e della **moda**. Tuttavia la vita economica della regione è sempre più

A sinistra la Certosa di Pavia, a destra il *Cenacolo* di Leonardo da Vinci; in basso, il Palazzo Te a Mantova.

nel XIV secolo dominava la regione, e che fu monastero dei certosini.
A **Milano** si può ammirare un capolavoro di Leonardo da Vinci, il *Cenacolo*, che si trova presso la Chiesa di Santa Maria delle Grazie, e una scultura di Michelangelo, la *Pietà Rondanini*, ospitata nel Castello Sforzesco.

A **Bergamo**, oltre al bellissimo centro storico, si può visitare l'Accademia Carrara, che custodisce quadri di pittori come Raffaello, Botticelli e Mantegna.
Anche **Mantova** è ricca di opere d'arte, soprattutto rinascimentali, legate in particolare al periodo in cui la città fu dominata dalla signoria dei Gonzaga.

▲ La nuova Fiera di Rho (Milano).

legata alle attività del **settore terziario**: quelle dei **servizi finanziari,** strettamente legati ad assicurazioni, banche e alla Borsa valori di Milano, e del **commercio** (a breve distanza dal capoluogo il nuovo polo fieristico di Rho è sede di grandi fiere nazionali e internazionali).
Sempre nell'ambito del terziario rivestono notevole importanza i **mezzi di informazione** (giornali e reti televisive) e le telecomunicazioni.
Il continuo sviluppo di tutte queste attività fa sì che la Lombardia sia la regione in grado di offrire il maggior numero di opportunità lavorative nel nostro Paese.
La circolazione di persone e merci è favorita da una **fitta rete di strade, autostrade e ferrovie**, e dalla presenza di **aeroporti**: Malpensa, Linate e Orio al Serio. Un'altra importante risorsa è il **turismo**, sviluppato soprattutto nell'area alpina, intorno ai grandi laghi e nelle città storiche e d'arte.

Attività economiche

ADDETTI PER SETTORE

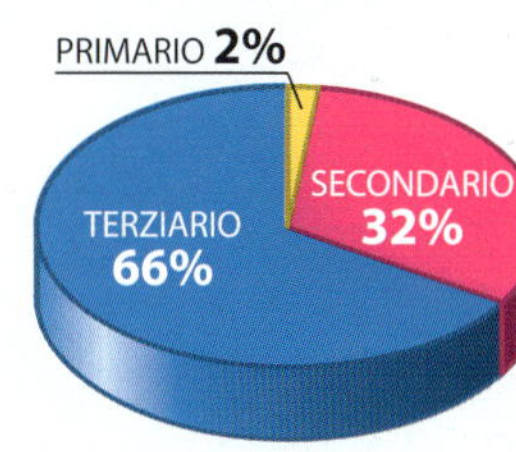

Popolazione attiva: 64%
Disoccupati: 7,8%

GUIDA ALLO STUDIO FISSO I CONCETTI

1 Che tipo di agricoltura si pratica nella pianura lombarda? Quali sono i principali prodotti?
2 Quali produzioni specializzate caratterizzano l'industria lombarda?
3 Quali settori del terziario sono particolarmente sviluppati?

Lungo il Po

La Pianura Padana è nata dall'accumulo dei depositi alluvionali del grande bacino idrografico formato dal Po, il maggiore fiume italiano, e dai suoi affluenti. In origine ricoperta da fitte foreste e attraversata da corsi d'acqua che spesso esondavano creando paludi, la pianura è stata, lentamente ma radicalmente, trasformata dall'uomo: i boschi hanno fatto spazio ai campi, le acque sono state incanalate e si sono disegnate le sterminate distese di campi coltivati. A completare il paesaggio rurale padano, all'agricoltura si è affiancato l'allevamento. In poco meno di un secolo, a questo paesaggio costruito in secoli e secoli di storia se ne è sovrapposto un altro, quello industriale: grandi città, diffusi impianti produttivi e di trasformazione, grandi vie di comunicazione (ferrovie, autostrade, aeroporti). Lungo i 652 chilometri di lunghezza del Po vivono oltre 16 milioni di abitanti; l'area padana ospita circa un terzo della produzione agricola e industriale italiana, e oltre la metà dell'attività di allevamento. Quello del Po e della pianura che attraversa è quindi un territorio intensamente sfruttato, dove l'equilibrio ecologico è da tempo messo a dura prova.

Il delta del Po
Il Po termina la sua corsa dividendosi in più rami in un grande delta. È una regione tra terra e acqua, dove a lungo l'uomo ha lottato e lotta per contendere al fiume e al mare il controllo del territorio. Le caratteristiche ambientali del Delta, del tutto particolari per la vegetazione e per la fauna, ma anche gli insediamenti umani destinati alla pesca o all'allevamento di specie ittiche, sono tutelati da un Parco diviso tra le regioni Veneto ed Emilia-Romagna.

La centrale di Ostiglia
È una delle numerose centrali termoelettriche che sorgono lungo il Po.

Il fiume offeso

Le passate generazioni padane, rappresentanti di quella civiltà rurale oggi quasi del tutto scomparsa, nutrivano nei confronti del Po una sorta di timoroso rispetto. Era visto quasi come una divinità imprevedibile, dalla quale potevano dipendere le fortune o le sventure della gente che abitava sulle sue sponde: in poche ore una piena poteva portar via tutte le ricchezze di una vita. In tempi recenti quel senso di soggezione è andato perdendosi e il "Grande Fiume", come viene spesso chiamato, ha subito ripetute offese: l'inquinamento delle acque, nelle quali i grandi centri urbani, le industrie e le aziende agricole hanno scaricato rifiuti solidi e liquidi; le ripetute escavazioni del suo alveo; l'imbrigliamento forzato delle sue sponde; la quasi completa distruzione del suo patrimonio vegetale. Oggi, nonostante lungo il corso del fiume siano state istituite numerose aree e riserve naturali protette, manca ancora un più ampio disegno di tutela del paesaggio fluviale del Po, dalle sorgenti fino alla foce, che coinvolga anche la salvaguardia delle acque e delle sponde dei molti affluenti.

Il Po a Torino
Dopo poche decine di chilometri dalla sua sorgente, il Po attraversa Torino, entrando a far parte del suo paesaggio urbano. Vi si specchiano palazzi, vi si affacciano piazze e parchi e lo scavalcano ponti monumentali.

Il Grande Fiume
Il Po, per lunghezza, portata e ampiezza, è l'unico fiume italiano a poter essere paragonato ai grandi fiumi europei. Al contrario di questi, tuttavia, è stato pochissimo sfruttato come via d'acqua per il trasporto e la comunicazione.
In tempi recenti si è cercato di rivalorizzare la navigazione sul Po in chiave turistica, con la realizzazione dell'"idrovia" con cui è possibile navigare dal Lago Maggiore a Venezia, passando lungo il Ticino, il Po evari canali navigabili.

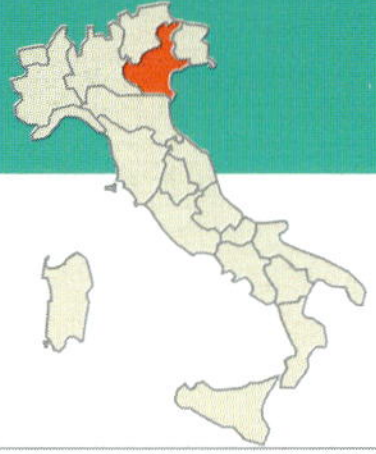

ITINERARIO IN...

VENETO

Una delle "locomotive" dell'economia italiana, il Veneto offre anche una straordinaria varietà di paesaggi, dall'ambiente marino della Laguna Veneta alla Pianura Padana, fino alle alte vette delle Dolomiti Bellunesi.

1 *Cortina d'Ampezzo*

Il più famoso centro montano delle Dolomiti Bellunesi, Cortina, deve la sua fortuna alla splendida posizione al centro della Conca d'Ampezzo, valle verdeggiante circondata da ogni lato dalle magnifiche vette delle **Dolomiti**. A partire dal 1956, anno in cui ospitò le Olimpiadi Invernali, Cortina diventò una delle località sciistiche più esclusive dell'arco alpino, meta di tutti i personaggi del cosiddetto "bel mondo".

2 Asiago

Asiago è il principale centro dell'Altopiano dei Sette Comuni, meglio noto, per l'appunto, come **Altopiano di Asiago**. È l'altopiano più grande d'Italia, ha un'altitudine media di 1317 metri e si trova per la maggior parte in provincia di Vicenza, vicino al confine con il Trentino e la provincia di Trento. L'ambiente è tipicamente alpino, e una buona parte della sua superficie è adibita a pascolo per i bovini, da cui si ottiene il latte per la produzione del **formaggio** tipico della zona, l'Asiago. Oggi l'altopiano è un luogo molto tranquillo, ma qui nel secolo scorso si combatterono alcune delle battaglie più sanguinose della Prima Guerra Mondiale.

GEO VERDE

Marmotte nel Parco Nazionale delle Dolomiti Bellunesi.

Istituito nel 1990, il **Parco Nazionale delle Dolomiti Bellunesi** tutela un territorio di grande valore naturalistico e paesaggistico, famoso tra gli studiosi di botanica per la sua particolare vegetazione, ricca di specie rare sopravvissute all'epoca della glaciazione. Tra la tarda primavera e l'estate è possibile assistere a spettacolari fioriture che colorano le grandi praterie del parco, ai piedi delle ripide montagne. Anche la fauna è molto ricca e comprende cervi, caprioli, camosci, mufloni, marmotte ed ermellini. Nella stagione estiva è possibile partecipare a escursioni guidate da autori di testi naturalistici e scientifici, che conducono alla scoperta dei segreti più affascinanti di questo meraviglioso territorio. Il Parco delle Dolomiti Bellunesi è gemellato con il Parco Nazionale del Pollino.

3 Chioggia

All'estremità meridionale della Laguna Veneta, dalla parte opposta rispetto a Venezia, Chioggia ha sempre avuto un rapporto contrastato con la sua ingombrante vicina. Assomiglia infatti a Venezia per il suo centro storico, costruito sopra una sottile penisola che si allunga nella Laguna ed è attraversata da canali; ma, al contrario della "nobile" Venezia, Chioggia ha sempre avuto una fama più "popolare", nonostante anche qui non manchino i monumenti e le opere d'arte. Questa supposta differenza è al centro di una delle più famose commedie dello scrittore veneziano del Settecento **Carlo Goldoni**, *Le baruffe chiozzotte*, che è ambientata proprio a Chioggia e mette in scena le vicende di un gruppo di popolani della cittadina.

4 Soave

Bel borgo del Veronese, il comune di Soave è famoso soprattutto per gli **eccellenti vini** che si producono nella zona: il Soave, per l'appunto, ma anche il Recioto e il pregiatissimo Amarone.
Il centro storico di Soave è dominato dall'imponente castello, un tempo di proprietà degli **Scaligeri**, i signori di Verona, e in seguito caduto in rovina. Completamente restaurato nel 1890, è ora una delle fortificazioni medievali meglio conservate. Gran parte del centro storico è inoltre ancora circondato dalle mura difensive costruite nel 1369.

▲ Panorama del Lago di Garda dal Monte Baldo.

Il territorio

Terra di montagna e di collina, di mare e di laguna, il Veneto è attraversato dai due principali fiumi italiani, il **Po** e l'**Adige**. La regione confina a nord con l'Austria, a ovest con la Lombardia e il Trentino-Alto Adige, a est con il Friuli Venezia Giulia, a sud con l'Emilia-Romagna; è bagnata dal Mar Adriatico.

Nell'estremo nord della regione si innalzano le **Dolomiti orientali** e le **Alpi Carniche**, precedute da un'ampia **fascia prealpina** che comprende i Monti Lessini, l'Altopiano di Asiago e cime come il Pasubio e il Monte Grappa. I diversi sistemi montuosi presentano caratteristiche molto varie, sia dal punto di vista geologico sia dal punto di vista ambientale.

Le **colline** venete formano una fascia compresa tra le Prealpi e la pianura; isolati sorgono invece i dolci rilievi dei Monti Berici e dei Colli Euganei. Questi ultimi, di origine vulcanica, occupano un territorio ricco di sorgenti termali.

La **pianura** veneta comprende il tratto più orientale della Pianura Padana, intensamente coltivata e attraversata dai fiumi Po, Adige, Brenta, Piave, Livenza e Tagliamento, che segna il confine con il Friuli Venezia Giulia; a ovest, il Lago di Garda è invece condiviso con la Lombardia. In prossimità del litorale la pianura è interrotta da paludi e valli bonificate.

La **costa** è bassa e caratterizzata dalle **lagune**, che ospitano un'infinità di isolotti; i depositi detritici del Po, che qui sfocia con un ampio delta, e dell'Adige determinano il continuo avanzamento del litorale, come testimonia il fatto che la città di Adria, un tempo sul mare (e dalla quale prese il nome l'Adriatico), si trova oggi nell'entroterra.

Territorio

SUPERFICIE: 18.399 km²

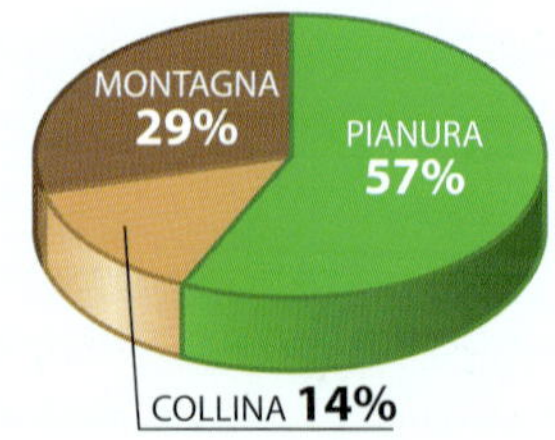

Monti:
Marmolada (3343 m),
Le Tofane (3243 m),
Monte Cristallo (3221 m),
Monti Lessini (2259 m),
Pasubio (2235 m),
Monte Baldo (2218 m),
Monte Grappa (1775 m).

Fiumi:
Po (652 km),
Adige (420 km),
Piave (220 km),
Brenta (160 km),
Livenza (112 km),
Mincio (75 km).

Laghi:
Lago di Garda.

GUIDA ALLO STUDIO FISSO I CONCETTI

1 Ricerca sulla carta i principali monti e fiumi del Veneto.

2 In Veneto si trova parte del più grande lago italiano: individualo sulla carta.

▼ Una veduta della Laguna Veneta.

Venezia

Le origini di Venezia risalgono al V secolo d.C., quando, per sfuggire alle invasioni barbariche, gli abitanti della terraferma si rifugiarono sulle isole della Laguna. Grazie alla posizione geografica, che ne faceva un ponte naturale tra Oriente e Occidente, Venezia sviluppò i **commerci marittimi** ed estese il suo dominio sul Mar Adriatico e sul Mediterraneo orientale, divenendo una delle repubbliche più potenti d'Europa. Ciò che colpisce di più in questa città - che occupa nel complesso 118 isolotti ed è attraversata da numerosi canali, uniti tra loro da oltre 400 ponti - è la viabilità, che si svolge interamente sull'acqua. Sui canali si affacciano palazzi, chiese e monumenti di grande bellezza che richiamano visitatori da tutto il mondo.

Punta della Dogana, con la Chiesa di Santa Maria della Salute.

Il clima

Nelle zone di montagna il clima è di tipo **alpino**, con inverni lunghi e rigidi ed estati fresche, spesso piovose. In pianura è in genere di tipo **continentale**, con inverni lunghi ed estati afose. Vi sono tuttavia **due zone più temperate**: quella lungo le rive del Lago di Garda e quella della fascia costiera adriatica.

La popolazione e le città

La maggior parte della popolazione vive in pianura, in particolare nell'area compresa tra **Verona**, **Vicenza**, **Padova** e **Venezia**. La zona intorno a Belluno, montuosa, e quella intorno a Rovigo, con terreni paludosi, sono meno densamente abitate a causa soprattutto delle caratteristiche del territorio.

Negli anni '50 del secolo scorso molti abitanti sono **emigrati** all'estero o verso le altre regioni dell'Italia Settentrionale a causa delle condizioni economiche sfavorevoli; negli ultimi decenni la regione ha invece avuto un notevole sviluppo economico e dà oggi lavoro a molti **immigrati** che provengono soprattutto dai Paesi del Mediterraneo e da quelli dell'Europa dell'Est.

L'economia

L'agricoltura, praticata in forma intensiva, è molto florida: il Veneto può contare su numerose e **moderne aziende agricole** ed è la prima regione italiana per produzione di granoturco e la seconda per produzione di barbabietole. Sono molto sviluppate anche le colture di frumento, uva, pere, mele, kiwi e radicchio (è celebre quello trevigiano). Hanno un ruolo di rilievo anche l'**allevamento**, principalmente di bovini e suini, e la **pesca**, notevole sia per varietà sia per quantità di pescato.

Città e province

Lo stemma rappresenta il leone di San Marco e il territorio della regione, con il mare, la pianura e i monti.

Capoluogo: Venezia.

Altre province: Belluno, Padova, Rovigo, Treviso, Verona, Vicenza.

Popolazione: 4.915.123 ab.

Densità: 267 ab./km²

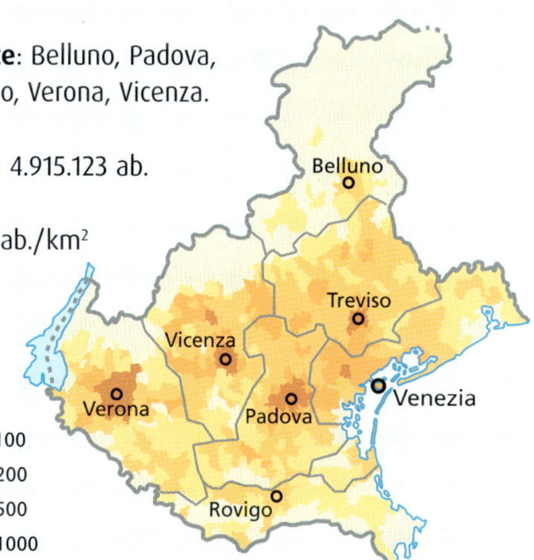

Meno di 100
da 100 a 200
da 200 a 500
da 500 a 1000
da 1000 a 5000
oltre 5000
Abitanti per km²

GUIDA ALLO STUDIO FISSO I CONCETTI

1 In quante province è diviso il Veneto?
2 La densità è simile in tutte le province?
3 Quali sono le zone meno abitate? Perché?

GEO FOLK

Il Carnevale di Venezia

Il primo riconoscimento del Carnevale di Venezia come festa pubblica è contenuto in un editto del 1296. L'intento della festa era quello di concedere alla popolazione un breve periodo di divertimento e di spensieratezza. L'uso delle **maschere** e dei **costumi**, favorito per garantire l'anonimato, svolgeva la funzione di livellare, per qualche giorno, le divisioni sociali, rendendo legittima perfino la pubblica derisione delle autorità e dei nobili.

Fu nel corso del XVIII secolo che il Carnevale raggiunse il suo massimo splendore, guadagnandosi grande fama in tutta Europa. Sospeso negli ultimi anni del Settecento – in seguito all'occupazione dell'esercito francese al comando di Napoleone, e poi a quella austriaca – il Carnevale è rinato dopo due secoli, nel 1979. Da allora Venezia, in occasione di questa festività, è gremita da una folla colorata di turisti.

Attività economiche

ADDETTI PER SETTORE

Popolazione attiva: 64,2%
Disoccupati: 6,8%

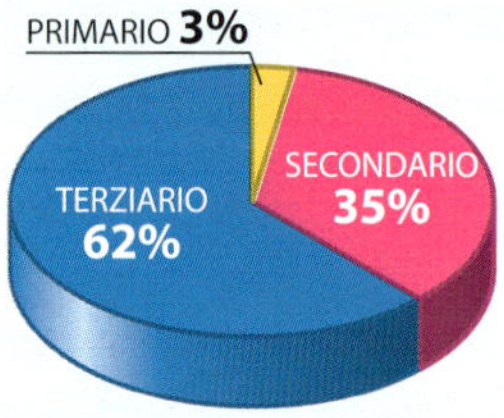

▲ Un allevamento di molluschi nella Laguna Veneta.

▼ Un artigiano del vetro a Murano.

A partire dagli anni '70 del Novecento il Veneto ha conosciuto un notevole sviluppo economico, grazie soprattutto alla nascita di molte **piccole e medie imprese**. In tutte le province della regione sono presenti industrie moderne e avanzate, soprattutto nel settore calzaturiero, tessile e orafo (a Vicenza), dell'arredamento (nelle zone di Verona e Treviso), degli elettrodomestici e dell'abbigliamento (a Treviso), della ceramica (a Bassano), dell'ottica (in Cadore). Negli ultimi anni molti imprenditori veneti hanno però deciso di spostare la produzione nei Paesi dell'Europa dell'Est, soprattutto in Romania e Polonia, dove il costo del lavoro è inferiore.

GUIDA ALLO STUDIO FISSO I CONCETTI

1 L'agricoltura veneta è sviluppata? Che cosa produce in particolare?
2 Che cosa ha favorito, negli ultimi decenni, lo sviluppo dell'industria veneta?
3 Dove si recano, soprattutto, i turisti che visitano il Veneto?

▲ Gli impianti industriali di Porto Marghera.

▼ Turismo a Venezia: gondole sul Canal Grande.

La **grande industria** si concentra a Mestre e a Porto Marghera; qui sono sviluppati in particolare i settori meccanico, metallurgico, chimico e petrolchimico, e sorgono importanti centrali termoelettriche.
È molto sviluppato anche il **terziario**, grazie alla presenza di numerose banche e aziende che si occupano di servizi alle imprese. Il Veneto, inoltre, è un vero e proprio crocevia per gli **scambi commerciali** tra l'Italia, l'Europa Centro-Settentrionale e l'Europa Orientale. Un'altra importante risorsa è quella del **turismo**, favorito dalle numerose città d'arte, prima fra tutte Venezia, e dalle bellezze paesaggistiche delle Dolomiti, delle spiagge adriatiche e del Lago di Garda. È sviluppato anche il turismo termale, nella zona dei Colli Euganei, ricchi di fonti termali grazie alla loro origine vulcanica.

GEO PATRIMONIO

Venezia vanta un patrimonio storico e artistico immenso; visitandola potrai sognare a occhi aperti le lunghe vicende che ne hanno segnato la storia, magari cominciando da Piazza San Marco, considerata una delle più belle del mondo.
Un'altra meta fissa per chi visita il Veneto e per gli appassionati di musica è l'**Arena di Verona**, antico anfiteatro romano, uno dei monumenti simbolo della regione. Qui vengono messi in scena i più grandi capolavori dell'opera lirica, con protagonisti e registi di fama mondiale.
A **Vicenza** si ammirano gli edifici progettati da Andrea Palladio, uno degli architetti più importanti e conosciuti del XVI secolo: le inconfondibili ville e i palazzi con le facciate che richiamano i templi romani, e due dei suoi capolavori: il Teatro Olimpico e la Basilica Palladiana.
A **Padova** ti consigliamo di visitare la Cappella degli Scrovegni, che custodisce alcuni famosi affreschi di Giotto, considerati tra i più importanti della pittura italiana.
Nell'area tra Venezia e Padova, lungo la **riva del Brenta**, si trovano molte ville di famiglie nobili, costruite tra il 1400 e il 1700. Ma anche altrove, le ville sono una caratteristica del paesaggio veneto. Meritano una visita soprattutto **Villa Barbaro a Maser** (vicino a Treviso) e, nella pianura del Polesine (nei pressi di Rovigo), **Villa Badoer**: entrambe realizzate dal Palladio.

La Basilica di San Marco a Venezia.

L'Arena di Verona.

La Basilica Palladiana a Vicenza.

La facciata di Villa Barbaro a Maser.

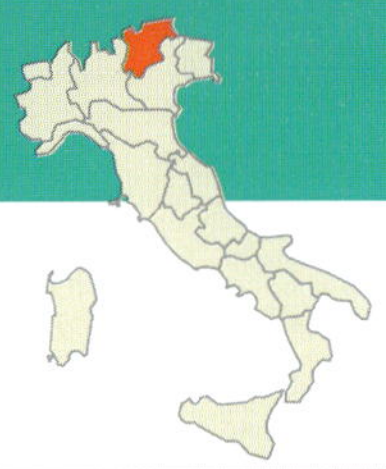

ITINERARIO IN
TRENTINO-ALTO ADIGE

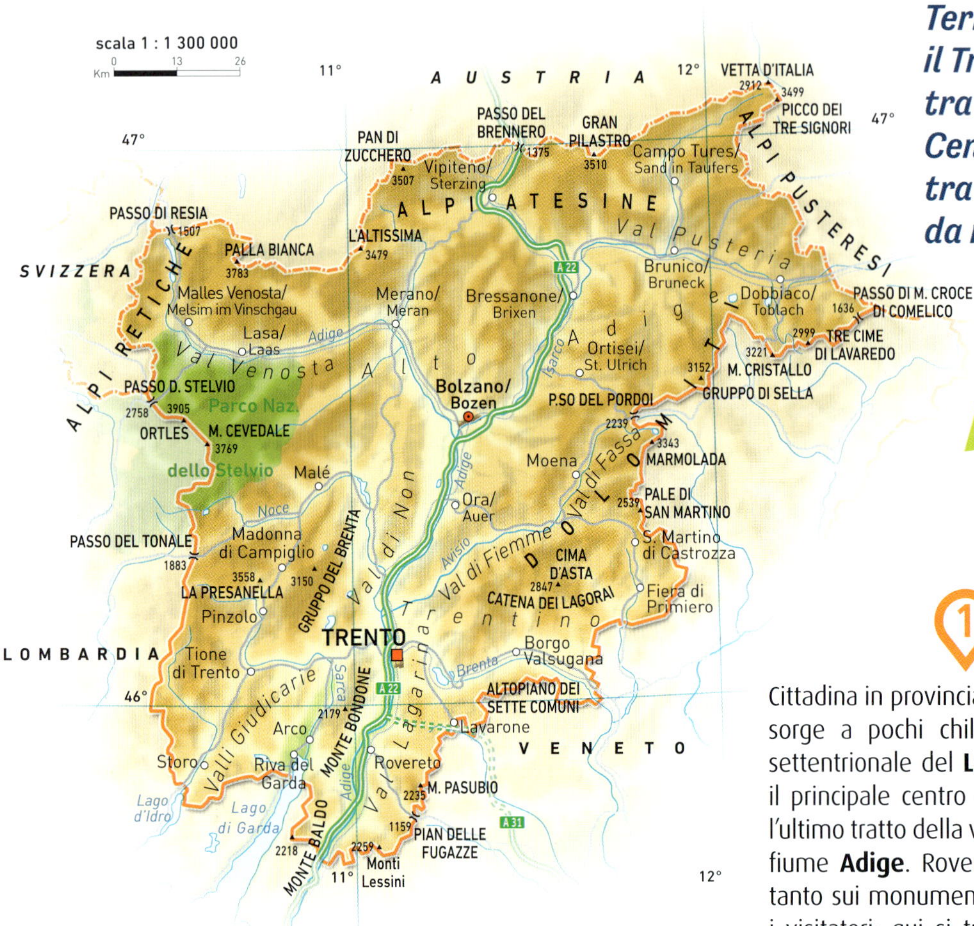

Terra di confine tra popoli, lingue e culture, il Trentino-Alto Adige è un ponte tra le regioni mediterranee e l'Europa Centrale. Con le sue bellezze naturali, tra cui le splendide Dolomiti, è una meta da non perdere.

1 Rovereto

Cittadina in provincia di Trento, Rovereto sorge a pochi chilometri dalla punta settentrionale del **Lago di Garda**, ed è il principale centro della **Val Lagarina**, l'ultimo tratto della valle attraversata dal fiume **Adige**. Rovereto non punta soltanto sui monumenti storici per attirare i visitatori: qui si trova infatti il MART, il Museo d'arte moderna e contemporanea, uno dei più grandi e importanti musei di questo genere in Italia.

2 L'Altopiano di Fanes

Circondato dalle alte cime delle Dolomiti, nel territorio della provincia autonoma di Bolzano, l'Altopiano di Fanes è un luogo letteralmente fiabesco, e non solo per le sue bellezze naturali, protette dal **Parco Naturale Fanes**. L'altopiano è infatti uno dei luoghi più citati dalle leggende dei Ladini, la popolazione che abita nelle vicine **Val Gardena** e **Val Badia**. Secondo il ciclo di racconti epici conosciuto come *Il regno dei Fanes*, sull'altopiano abitava il magico popolo dei Fanes, protagonista di innumerevoli avventure.

3 Merano

La città di Merano si trova nella provincia autonoma di Bolzano, nel cuore dell'area chiamata **Alto Adige** o, come preferiscono dire gli abitanti di lingua tedesca, **Südtirol** (Tirolo Meridionale). Merano è posta infatti lungo un immaginario confine che divide due lingue e culture diverse, ed è abitata per metà da cittadini di madrelingua tedesca e per l'altra metà da cittadini di lingua italiana. Qui, come in tutti i centri della provincia, è in vigore il **bilinguismo**: tutti i cartelli e i documenti pubblici devono essere scritti sia in italiano sia in tedesco, e nelle scuole della città si insegnano entrambe le lingue.

Territorio

SUPERFICIE: 13.607 km^2

Monti:
Ortles (3905 m),
Cevedale (3769 m),
Palla Bianca (3738 m),
Presanella (3558 m),
Gran Pilastro (3510 m),
Marmolada (3343 m),
Gruppo di Sella (3152 m),
Tre Cime di Lavaredo (2999 m),
Vetta d'Italia (2912 m).

Fiumi: Adige (420 km), Brenta (160 km), Isarco (85 km), Sarca (78 km).

Laghi:
Lago di Garda (in piccola parte), Lago di Ledro, Lago di Molveno, Lago di Caldonazzo.

GUIDA ALLO STUDIO FISSO I CONCETTI

1. Rintraccia sulla carta le Alpi Atesine, le Alpi Retiche e le Dolomiti.
2. Individua sulla carta queste cime: Ortles, Cevedale, Marmolada, Sella, Tre Cime di Lavaredo. Poi costruisci una tabella inserendole in ordine decrescente di altezza.

GEO PATRIMONIO — GEO VERDE

Il **Parco Naturale Adamello-Brenta**, istituito nel 1967, protegge una vasta area naturale caratterizzata da due ambienti tra loro molto diversi: quello alpino del massiccio Adamello-Presanella e quello dolomitico del Brenta. Il primo è caratterizzato da rocce granitiche ed estesi ghiacciai; il secondo da rocce carbonatiche che formano veri e propri "castelli di pietra", scolpiti dagli agenti atmosferici.
Il parco tutela una flora ricca e varia, che conta oltre 1200 specie; tra queste, bellissime stelle alpine e orchidee. Anche la fauna è molto varia; è stato reintrodotto, fra l'altro, l'orso bruno, quasi estinto a causa della caccia indiscriminata praticata in passato.
Nel parco vivono inoltre stambecchi (anche questi reinseriti grazie a un particolare progetto di ripopolamento), camosci, mufloni, caprioli, ermellini e marmotte. L'avifauna comprende aquile, pernici bianche e galli cedroni.

Il territorio e il clima

Il Trentino-Alto Adige è la regione più settentrionale d'Italia. Il suo territorio si estende interamente nella fascia alpina ed è caratterizzato dalle bellissime Dolomiti, da numerosi laghi alpini (oltre che da una porzione del Lago di Garda) e da verdi foreste. Confina a nord con l'Austria, a ovest con la Svizzera e la Lombardia, a sud e a est con il Veneto.
Il territorio del Trentino-Alto Adige è totalmente montuoso. Lungo il confine con l'Austria si elevano le **Alpi Atesine**, che da ovest a est si suddividono in Alpi Venoste, Alpi Breonie, Alpi Aurine e Alpi Pusteresi. A occidente, verso la Lombardia, si innalzano le **Alpi Retiche**, caratterizzate da imponenti massicci montuosi, tra cui la Presanella, il Cevedale e l'Ortles (che è la cima più alta della regione, con i suoi 3905 metri).
Al confine con il Veneto sorgono le **Dolomiti**, montagne formate da una roccia, la dolomia, particolarmente soggetta all'azione degli agenti atmosferici; nel corso di milioni di anni, acqua e vento ne hanno modellato le forme dando vita a un paesaggio di rara bellezza. Le vette più alte sono la Marmolada, il Gruppo di Sella e le Tre Cime di Lavaredo.
L'ampia valle dell'Adige e quella del Sarca ospitano le uniche aree pianeggianti, talmente ristrette da non potersi definire propriamente pianure. Il fiume **Adige** è il secondo in Italia per lunghezza, dopo il Po; il **Sarca** è il principale immissario del Lago di Garda, che nel suo tratto trentino è caratterizzato da spettacolari coste alte e a strapiombo.
Data l'altitudine media molto elevata, il clima della regione è prevalentemente **alpino**, con inverni lunghi, freddi e nevosi ed estati fresche. Un caso a sé è rappresentato dalle coste del **Lago di Garda**, che, grazie all'effetto mitigatore delle acque, godono di un **clima più mite**, come testimonia la presenza di palme e olivi.

▼ Una veduta della Valle dell'Adige.

Trento

Trento, fondata dall'antica popolazione dei Reti, venne in seguito (fine del I secolo a.C.) conquistata dai Romani. Sede di un importante Principato vescovile fin dal Medioevo, rimase sotto il dominio degli Asburgo dal 1363 al 1918, anno in cui passò, al termine della Prima Guerra Mondiale, all'Italia. Sorge sulla riva sinistra dell'Adige ed è circondata da alte montagne. I principali monumenti sono di epoca medievale e rinascimentale; tra questi il bellissimo Duomo (secoli XII-XIII) e il Castello del Buonconsiglio (antica residenza dei principi vescovi). La città è **sede universitaria**, importante snodo di comunicazioni e centro industriale. La splendida posizione, la cura delle aree urbane e le dimensioni "a misura d'uomo" fanno di Trento uno dei capoluoghi regionali con la miglior **qualità della vita** in Italia.

GEO FOLK

Feste, fiabe e... mercatini

È forse nata in Trentino-Alto Adige un'antica tradizione natalizia diffusasi poi in gran parte dell'arco alpino: quella della "**Stela**". Alcuni giovani si recano di casa in casa intonando canti natalizi e accompagnandoli con una stella che ruota (una riproduzione artigianale della stella cometa); generalmente l'esibizione viene ricompensata con piccoli doni, perlopiù dolci. Il Trentino-Alto Adige è famoso anche per i suoi numerosi **mercatini natalizi** che ogni anno attirano centinaia di migliaia di turisti. I più famosi sono quelli di Bolzano, Merano, Bressanone, Vipiteno, Trento e Arco.
Nel mese di agosto, a Riva del Garda si svolge invece una manifestazione nota come "**Notte di fiaba**". Ogni anno una fiaba famosa ispira la festa, i costumi, le musiche e le recite teatrali che per alcuni giorni invadono festosamente la città. La manifestazione si chiude di notte con uno spettacolo pirotecnico sul lago.

◀ Cartello multilingue (ladino, tedesco e italiano).

▲ Piazza Walther a Bolzano, dove si svolge il mercatino di Natale.

Città e province

Lo stemma è diviso in quattro parti: la prima e la quarta riproducono l'antica aquila di Trento, nera, la seconda e la terza riproducono l'aquila del Tirolo, rossa.

Capoluogo: Trento.
Altre province: Bolzano.
Popolazione: 1.059.114 ab.
Densità: 78 ab./km²

La popolazione e le città

La popolazione, benché più concentrata nei fondovalle e nei due principali centri urbani, Trento e Bolzano, è complessivamente ben distribuita in **numerosi piccoli centri**; non mancano neppure le abitazioni isolate, in un complessivo contesto di capillare cura del territorio. In Alto Adige la particolare forma di insediamento del **maso chiuso** – proprietà agricola che nelle varie successioni non viene divisa fra gli eredi ma passa per intero al primogenito, evitando frazionamenti e dispersioni – ha anche scongiurato l'abbandono delle alte valli alpine. Il Trentino-Alto Adige è una **regione a statuto speciale**, divisa in due province che hanno autonomi poteri legislativi, dove convivono popolazioni con lingue e tradizioni culturali diverse: mentre in Trentino si parla italiano, in Alto Adige, chiamato **Südtirol** in tedesco, la maggioranza della popolazione parla tedesco. In alcune valli delle Dolomiti vive una minoranza che parla il ladino, un'antica lingua che deriva dal latino.

GUIDA ALLO STUDIO — FISSO I CONCETTI

1. Rispetto alla media nazionale, la densità della regione è più alta o più bassa? Secondo te, per quale motivo?
2. Spiega in che cosa consiste il maso chiuso.
3. Quante lingue si parlano nel Trentino-Alto Adige? In quali zone, rispettivamente?

▲ Sciatori lungo le piste del comprensorio di Canazei.

▲ Mucche in un pascolo d'alta quota.

GEO PATRIMONIO

Nelle acque del **Lago di Ledro**, che si trova a 650 metri di altitudine, nell'omonima Val di Ledro, sono stati trovati i resti di un antico villaggio di palafitte che risalgono a oltre 5000 anni fa. Un piccolo museo custodisce alcuni degli oggetti ritrovati e illustra interessanti aspetti di quell'antica civiltà.
Al **Museo Archeologico di Bolzano** puoi invece vedere il corpo mummificato di Ötzi, un "antico tirolese" ferito da una freccia e congelato da una tormenta di neve mentre attraversava il ghiacciaio di Similaun. Risale anch'esso a più di 5000 anni fa.
Nel **Castello del Buonconsiglio di Trento** puoi ammirare nella loggia gli affreschi di Romanino (XVI secolo) e nella Torre dell'Aquila quelli di un pittore anonimo del XV secolo che rappresentano i mesi dell'anno (marzo purtroppo è andato perduto) con scene legate soprattutto alle attività contadine. Osservandoli potrai farti un'idea di alcuni momenti della vita quotidiana nell'età medievale.

Una moderna ricostruzione di Ötzi.

Gli affreschi di Romanino nella loggia del Castello del Buonconsiglio di Trento.

L'economia

L'agricoltura, praticata nei fondovalle esposti al sole, ha i suoi punti di forza nella coltivazione delle piante da frutta (mele, pere, prugne) e delle viti, dalle quali si ottengono **vini di qualità** esportati in tutto il mondo; sono diffuse anche le coltivazioni di cereali. L'estensione dei pascoli favorisce l'**allevamento** dei **bovini** e la **produzione casearia**, sia industriale sia artigianale. Grazie alle vaste distese boschive è particolarmente rilevante anche la produzione di **legname**.
Nei fondovalle sorgono industrie chimiche, meccaniche, siderurgiche e cartiere, il cui sviluppo è stato favorito dalla presenza di numerose **centrali idroelettriche**, che sfruttano il corso di fiumi e torrenti.
Il **turismo**, estivo e invernale, rappresenta la principale risorsa economica, anche grazie all'efficienza e all'alto livello delle strutture ricettive.

Attività economiche

ADDETTI PER SETTORE

Popolazione attiva: 64,5%
Disoccupati: 6,1%

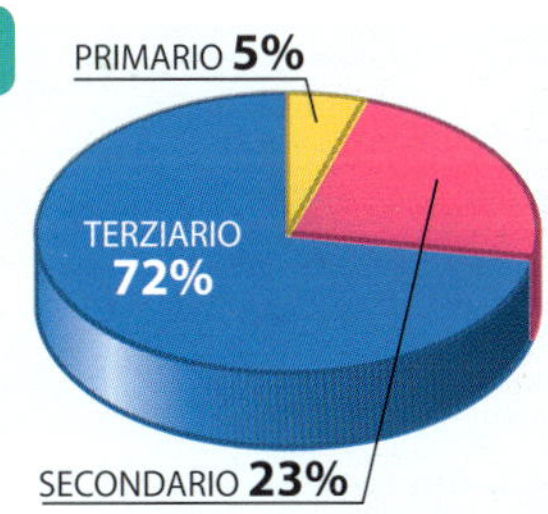

GUIDA ALLO STUDIO — FISSO I CONCETTI

1. Elenca almeno tre prodotti importanti del settore primario.
2. Il turismo ha un peso rilevante nell'economia della regione?
3. A quale fattore è dovuta la presenza di numerose centrali idroelettriche?

Le Dolomiti

Santa Maddalena in Val di Funes
L'aguzzo profilo delle Odle sovrasta la fine della Val di Funes. Intorno alle Dolomiti si parla il ladino: non è un dialetto, ma una vera e propria lingua che viene insegnata nelle scuole e usata nella vita di tutti i giorni.

Le Dolomiti sono tra le montagne più famose del mondo. Uniche e inconfondibili, hanno una forma tutta verticale, che le fa assomigliare a torri e castelli che sfidano il cielo, e un colore che, di stagione in stagione, di ora in ora del giorno, cambia col cambiare della luce. Il segreto della loro bellezza sta nella composizione chimica della dolomia, una roccia di calcio e magnesio, formatasi centinaia di milioni di anni fa dall'accumulo di conchiglie, coralli e alghe calcaree sui bassi fondali di mari caldi. Il movimento tettonico delle placche continentali tra Africa ed Europa, che ha dato origine alla formazione della catena delle Alpi, ha portato in superficie queste rocce, innalzandole fin oltre i 3000 metri di quota. Le Dolomiti possono dunque essere considerate delle scogliere-relitto di un antichissimo mare. La dolomia è una roccia tenera, che viene erosa da agenti esterni. I ghiacciai, le piogge, il vento, il passaggio dal gelo al caldo hanno scolpito profili bizzarri: ora netti e squadrati, come grattacieli; ora sottili e aguzzi come le guglie di una cattedrale.

Proprio per la natura geologica delle loro rocce, le Dolomiti sono soggette a mutamenti più rapidi rispetto a quelli che nel corso di millenni modellano in modo impercettibile le altre montagne alpine. Negli ultimi anni la stampa ha dato un certo risalto a notizie che raccontavano di crolli e di frane, fortunatamente avvenute tutte in alta quota, e senza alcun danno a persone. Gli esperti dicono che potrebbero essere causati dalle forti escursioni termiche che da qualche anno si verificano anche in estate, con violenti temporali che fanno cadere neve e ghiaccio in quota, ma sottolineano anche che si tratta di situazioni relativamente normali: le distese di ghiaia e sassi che si trovano alla base dei pinnacoli di roccia non sono altro che il risultato di antichi crolli, o di una disgregazione geologica che dura nel tempo.

Enrosadira sul Monte Pelmo
Il tipico arrossamento delle cime dolomitiche all'alba e al tramonto in lingua ladina viene chiamato *enrosadira*.

Un paesaggio fragile

Il paesaggio dolomitico è particolarmente fragile, da preservare con attenzione: la bellezza di queste valli è diventata negli ultimi decenni una straordinaria **risorsa turistica**. Un'estesa ed efficiente rete di impianti sciistici, in inverno, e una grande rete di sentieri, in estate, portano in alta quota centinaia di migliaia gli appassionati che entrano così a diretto contatto con questo mondo di roccia, e con le rarità della sua flora e della sua fauna.
Per poter tutelare questo spettacolare patrimonio paesaggistico, e nel contempo renderlo fruibile a chi vuole godere delle sue bellezze, nell'area dolomitica, divisa tra Trentino-Alto Adige, Veneto e Friuli Venezia Giulia, sono stati istituiti ben otto parchi naturali. Nel 2009 l'UNESCO ha riconosciuto la straordinarietà di quest'area, dichiarando le Dolomiti Patrimonio Mondiale dell'Umanità.

Le Tre Cime
Il massiccio delle Tre Cime di Lavaredo vicino a Cortina d'Ampezzo, tra i più famosi di tutte le Dolomiti.

ITINERARIO IN

FRIULI VENEZIA GIULIA

Terra di confine tra le regioni mediterranee e la Mitteleuropa, nel secolo scorso il Friuli Venezia Giulia ha vissuto, più di altre regioni, il dramma della guerra. Oggi è un importante crocevia di merci e di popoli.

1 Palmanova

Palmanova, nei pressi di Udine, è una meraviglia architettonica e urbanistica: si tratta di una vera e propria **città-fortezza** con spesse mura, costruita nel **1593** dai Veneziani come difesa nei confronti dei Turchi e degli Austriaci. È circondata da una serie di terrapieni e fossati che le danno la caratteristica forma a stella. La città interna ha la forma perfetta di un ottagono, con strade diritte che portano dalle mura alla piazza centrale, anch'essa ottagonale.

2 Gorizia

Gorizia è una città che sorge al confine tra Italia e Slovenia. Nel 1945, al termine della Seconda Guerra Mondiale, una parte della città fu ceduta alla Iugoslavia (di cui faceva allora parte la Slovenia); nella parte slovena si sviluppò **Nova Gorica** (Nuova Gorizia in sloveno). Dopo anni di tensione, con l'entrata della Slovenia nell'Unione Europea i rapporti tra gli italiani e i vicini sloveni sono molto migliorati.

3 Fogliano Redipuglia

Nel territorio di questo comune vicino a Gorizia, posto sulle propaggini dell'altopiano del Carso, si trova uno dei luoghi più rappresentativi della storia italiana: il **Sacrario Militare**, un cimitero che custodisce, in enormi tombe comuni, le salme di circa 100.000 soldati italiani morti durante la Prima Guerra Mondiale. La struttura principale del Sacrario è una gigantesca scalinata, realizzata nel 1938, che si innalza sulle pendici del **Monte Sei Busi**, un'altura duramente contesa tra italiani e austriaci durante la guerra.

Territorio

SUPERFICIE: 7858 km²

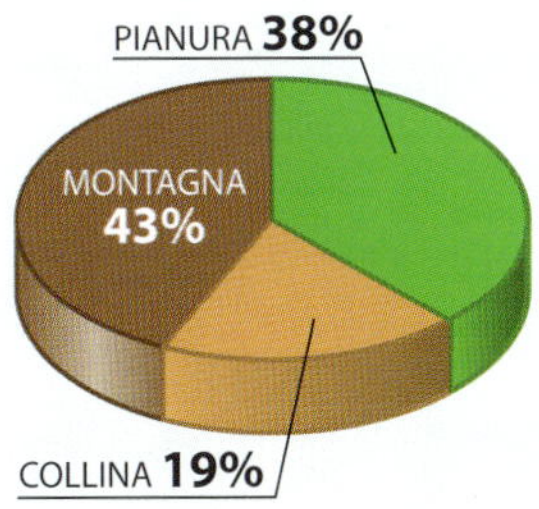

Monti:
Coglians (2780 m),
Monte Jôf di Montasio (2753 m),
Monte Mangart (2677 m),
Monte Col Nudo (2472 m),
Monte Plauris (1959 m).

Fiumi:
Tagliamento (170 km),
Isonzo (136 km).

GUIDA ALLO STUDIO FISSO I CONCETTI

1. Indica in quale zona della regione si trova il Carso e specificane le caratteristiche.
2. Rintraccia ed evidenzia sulla carta i due principali fiumi del Friuli Venezia Giulia.
3. Evidenzia sulla carta, con due colori diversi, i tratti di costa bassa e quelli di costa alta.

GEO PATRIMONIO

GEO VERDE

Nell'area a nord di Pordenone e Udine si estende il **Parco Naturale delle Dolomiti Friulane**, particolarmente selvaggio, anche perché la mancanza di centri abitati e strade agevoli limita l'accesso dei turisti. L'area protetta, caratterizzata da scoscese vette dolomitiche, fitti boschi, praterie d'alta quota e pascoli, è popolata da camosci, caprioli, marmotte, cervi e stambecchi; nel cielo non è infrequente avvistare il volo dell'aquila reale. La scoperta di impronte di dinosauro nel territorio del parco, fatta nel 1994 da una scolaresca in gita nella zona, ha accresciuto i motivi d'interesse per questa zona incontaminata.

Il torrente Cimoliana, nelle Dolomiti Friulane.

Il territorio e il clima

Montuoso a nord e pianeggiante per il resto del territorio, fino alle coste dell'Adriatico, il Friuli Venezia Giulia si divide nel Friuli, che comprende la maggior parte della regione (intorno e a nord di Udine e Pordenone) e nella Venezia Giulia (dove si trovano Trieste e Gorizia), una stretta striscia di terra compresa tra il Golfo di Trieste e la Slovenia. Confina a nord con l'Austria, a ovest con il Veneto, a est con la Slovenia.

Il confine settentrionale del Friuli è segnato dalle **Alpi Carniche**, che culminano nella cima del Monte Coglians (2780 metri), mentre più a est si innalzano le **Alpi Giulie**, che si estendono al territorio sloveno. Ai monti segue la zona delle Prealpi Venete, che si abbassano progressivamente fino a costituire una fascia di morbide colline. Nell'estremo Sud-Est sorge l'altopiano del **Carso** (che appartiene anche alla Slovenia), costituito da rocce di natura calcarea che, venendo a contatto con l'acqua, tendono a sciogliersi. Le acque piovane e dei fiumi, penetrando nel sottosuolo, hanno scavato nel tempo **grotte** e **gallerie**. In superficie si sono formate invece le **doline**, piccoli crateri a forma di imbuto.

In Friuli si estende anche l'ultimo lembo orientale della **Pianura Padana** (anche qui divisa in alta e bassa), attraversata dai fiumi Tagliamento (il più importante della regione), Isonzo e Livenza.

La costa è bassa e sabbiosa a ovest, dove si aprono le lagune di **Grado** e di **Marano**; alta e rocciosa a est, dove i rilievi del Carso giungono fino al mare.

Il clima è **continentale** e **alpino** sui rilievi, con inverni freddi ed estati fresche. Le coste godono di un clima più **mite** per la vicinanza del mare.

Tipica del Golfo di Trieste è la **bora**, vento freddo proveniente da nord-est, con raffiche che possono superare i 100 chilometri orari.

▼ Una dolina sull'altopiano del Carso.

Trieste

Trieste fu fondata dai **Romani** nel I secolo a.C. sul luogo di un insediamento di origini preistoriche; successivamente passò, per lungo tempo, sotto il **dominio bizantino**. Nel XVIII secolo entrò a far parte dell'**Impero Austro-Ungarico** e conobbe una grande espansione, legata alla valorizzazione del porto. Sotto il Regno asburgico sorsero i più celebri ed eleganti palazzi che ancora oggi caratterizzano il centro storico. La Seconda Guerra Mondiale privò Trieste di gran parte dell'entroterra e ciò ha ridimensionato l'importanza del suo scalo portuale, che pure resta tra i principali d'Italia. Oggi Trieste è una città vivace e multiculturale, sede di numerosi musei, di un'importante università e di un moderno osservatorio astronomico. La posizione geografica, al di là degli aspetti legati ai confini politici, è particolarmente felice e rende la città ricca di scorci affascinanti, tra il mare e le alture soprastanti.

Piazza dell'Unità d'Italia a Trieste.

Città e province

Lo stemma rappresenta un'aquila con le ali spiegate che regge tra gli artigli una corona d'argento.

Capoluogo: Trieste.
Altre province: Gorizia, Pordenone, Udine.
Popolazione: 1.221.218 ab.
Densità: 155 ab./km²

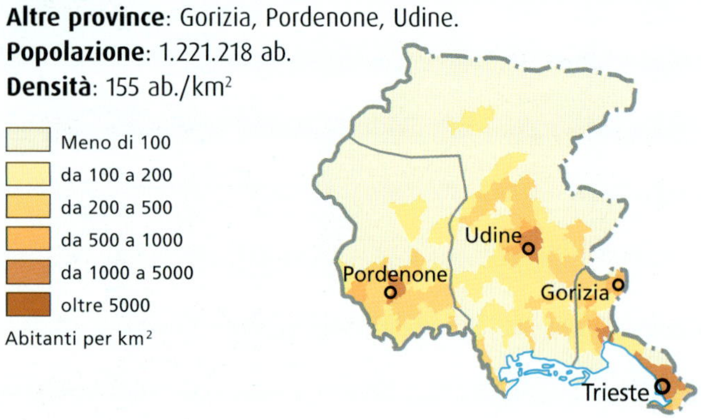

GUIDA ALLO STUDIO FISSO I CONCETTI

1 Quali province fanno parte del Friuli e quali della Venezia Giulia?
2 Dove è concentrata prevalentemente la popolazione?
3 Perché il Friuli Venezia Giulia è una regione a statuto speciale?

GEO FOLK

La danza del diavolo

Una delle più famose melodie antiche giunte fino a noi è un ballo popolare friulano, che risale almeno al Rinascimento e porta il bizzarro nome di **Schiarazula marazula** ("bastone e finocchio" nel dialetto locale). Si dice che le donne friulane lo ballassero per propiziare la venuta della pioggia, e per questo era considerato una musica stregata. Le sue note furono messe per iscritto dal compositore **Giorgio Mainerio** nel 1578. Sarà un caso, ma lo stesso Mainerio, maestro di cappella del Patriarca di Aquileia, aveva una reputazione sinistra, e fu accusato di essere un mago. Oggi Schiarazula marazula è suonato quasi sempre nelle rievocazioni storiche.

▲ Litorale di Lignano Sabbiadoro.

▶ Un cartello bilingue (italo-sloveno).

La popolazione e le città

La popolazione del Friuli Venezia Giulia è distribuita in modo molto irregolare. Quasi la metà degli abitanti risiede nei quattro maggiori centri urbani (Udine, Pordenone, Trieste, Gorizia) e lungo la **fascia costiera**, mentre la densità di popolazione è bassa nella fascia alpina e prealpina. Terra di emigrazione già dal XIX secolo, ha poi conosciuto un crescente sviluppo economico che l'ha trasformata in meta di immigrazione. Per la sua posizione di confine, la regione è sempre stata esposta a **diverse influenze culturali**, in particolare quella veneziana, quella austriaca e quella slava. Particolarmente complesse sono state le vicende della regione alla fine della Seconda Guerra Mondiale, per i contrasti legati alla **definizione dei confini** con l'allora Iugoslavia. Solo con il **Trattato di Osimo** del 1975 si è giunti a un accordo. Oggi convivono nella regione vari elementi linguistici: il friulano, il ladino e lo sloveno. Per tutti questi motivi il Friuli Venezia Giulia ha ottenuto lo statuto speciale di **regione autonoma.**

I cantieri navali di Monfalcone.

Il prosciutto di San Daniele è uno dei prodotti tipici della regione.

L'economia

Le **aree agricole** più produttive sono quelle della bassa pianura, dove si coltivano cereali, frutta, barbabietole da zucchero e tabacco; in collina si coltiva la vite, che permette la produzione di ottimi vini. Fiorente è anche l'**allevamento** di bovini e suini; a questi ultimi è legata la produzione del pregiato **prosciutto crudo di San Daniele**. La **pesca** è praticata soprattutto nella Laguna di Marano, mentre lungo la Riviera Triestina si allevano mitili e molluschi; nelle acque interne di fiumi e canali sono diffusi gli allevamenti di trote.

Nel 1976 un violento **terremoto** colpì le zone montane del Friuli e la successiva ricostruzione divenne uno stimolo di innovazione e di progresso per l'economia. Dopo una profonda crisi che ha colpito la grande **industria** negli anni '80, oggi la produttività è di nuovo in crescita: si concentra soprattutto intorno a Trieste (cantieri navali e industrie siderurgiche, che sono peròin via di riconversione a causa del loro forte impattoambientale), Pordenone (industrie meccaniche ed elettroniche) e Udine (cartiere e mobilifici). Vi è stato, soprattutto, un forte sviluppo delle **piccole e medie imprese**, che rappresentano oggi il cuore dell'economia friulana, molto sensibili alle innovazioni e alle richieste del mercato italiano e internazionale. Notevole è anche lo sviluppo del **terziario**, specialmente nel settore della ricerca scientifica e in quello dei servizi finanziari e assicurativi. Il **turismo**, soprattutto balneare, richiama numerosi villeggianti italiani e stranieri.

GEO PATRIMONIO

Ad **Aquileia** sorge una meravigliosa Basilica (XI secolo), costruita su un precedente edificio del IV secolo, del quale custodisce un prezioso pavimento a mosaico, tra le più notevoli testimonianze di mosaico paleocristiano di tutto l'Occidente.

A **Trieste** merita una visita la Basilica di San Giusto, sorta nel XIV secolo dall'unione di due più antiche chiese romaniche. Presenta una tipica facciata impreziosita da uno splendido rosone ed è in parte sovrastata da un massiccio campanile, che assomiglia al torrione difensivo di un castello. La Basilica custodisce al suo interno bellissimi mosaici risalenti al XII secolo.

A **Udine** la splendida Piazza della Libertà, dominata da un castello cinquecentesco, è circondata da eleganti edifici in stile veneziano: visitandola sembra quasi di tornare nel Rinascimento, tanto è ben conservata.

La Basilica di Aquileia.

Uno scorcio di Piazza della Libertà a Udine.

Attività economiche

ADDETTI PER SETTORE

Popolazione attiva: 62,1%
Disoccupati: 7%

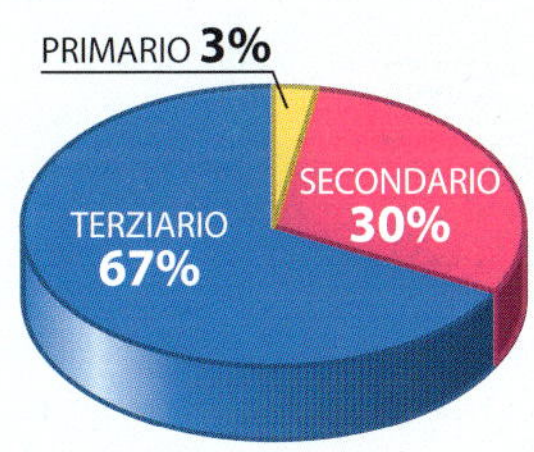

GUIDA ALLO STUDIO **FISSO I CONCETTI**

1 Quali sono i prodotti principali dell'industria agroalimentare?
2 In quali settori è particolarmente sviluppata l'industria?

ITINERARIO IN...

EMILIA-ROMAGNA

Due terre con differenti paesaggi e tradizioni unite dalla vocazione per l'agricoltura, per i buoni sapori e per la qualità della vita. Dalla Riviera Adriatica alla Pianura Padana, e fino all'Appennino, ogni centro diventa un'occasione di sosta per ammirare l'arte e la natura e per godere dell'ospitalità degli abitanti.

1 San Leo

Il 15 agosto 2009 San Leo, capoluogo della regione storica del Montefeltro, e altri sei comuni vicini appartenenti geograficamente all'Alta Valmarecchia hanno ottenuto, dopo un referendum, di staccarsi dalle Marche e di aggregarsi all'Emilia-Romagna. Il borgo di San Leo è dominato dall'imponente **Rocca**, un enorme forte che fu adibito a carcere tra il 1631 e il 1906. Qui fu imprigionato e morì, con l'accusa di eresia, uno dei personaggi più controversi e carismatici del Settecento: Giuseppe Balsamo, mago, alchimista, avventuriero e spia, meglio conosciuto come **Conte di Cagliostro**.

GEO PATRIMONIO

GEO VERDE

Istituito nel 1988, il **Parco Regionale del Delta del Po** è un ambiente quasi sospeso tra realtà e sogno, caratterizzato da lagune, stagni, canneti e antiche pinete, dove la terra e il mare si confondono in un meraviglioso gioco di colori. La fauna comprende un'infinità di volatili (se ne contano oltre 300 specie!) e lungo i sentieri che percorrono il parco esistono capanni per il bird-watching. Tra i numerosi uccelli che popolano questo territorio ci sono anche i fenicotteri, che qui formano una delle poche colonie europee. Nel 1999 il delta del Po è stato dichiarato Patrimonio Mondiale dell'Umanità dall'UNESCO.

Una suggestiva veduta del Parco del Delta del Po al tramonto.

Il Parco è popolato da una grande quantità di volatili acquatici, come questo Cavaliere d'Italia.

3 Maranello

Prospera cittadina del Modenese , Maranello è famosa in tutto il mondo perché ospita la sede e lo stabilimento di una delle più celebri case automobilistiche, la Ferrari. La fabbrica della **Ferrari** è considerata uno stabilimento modello per la sua alta produttività e le ottime condizioni di lavoro degli operai. Vicino alla fabbrica si trova la Galleria Ferrari, un museo imperdibile per gli appassionati di auto e di corse: qui sono esposti tutti i trofei vinti dalle Ferrari nelle passate competizioni, le auto da corsa dei campioni più famosi, come le Formula 1 guidate da Michael Schumacher.

2 Comacchio

Il più importante centro della zona del Delta del Po, Comacchio, è un'antica cittadina che nell'aspetto ricorda Venezia, essendo costruita su una serie di **canali** attraversati da ponti. Le due città sono state in passato mortali nemiche: Venezia attaccò più volte Comacchio, saccheggiandola e distruggendola, fin dal lontano 866. Il monumento simbolo di Comacchio è il bellissimo complesso chiamato **Trepponti**, un antico ponte costruito sopra l'intersezione di cinque canali e sormontato da due grandi torri, che servivano a sorvegliare il passaggio delle navi che percorrevano i canali da e verso il mare.

4 Castell'Arquato

Questo comune della zona dei Colli Piacentini fa parte dei **Borghi più belli d'Italia**, un esclusivo club creato dall'Associazione Nazionale Comuni Italiani (ANCI) in cui rientrano i piccoli comuni che possono vantare eccezionali paesaggi e monumenti ben conservati. Passeggiando per il centro storico, arroccato su un'altura da cui si gode una meravigliosa vista sulle colline tutt'intorno, si respira un'atmosfera medievale. E in effetti nella piazza monumentale del borgo, su cui affacciano bellissimi edifici come la Rocca Viscontea e il Palazzo del Podestà, sono spesso organizzate rievocazioni storiche con dame, cavalli e cavalieri.

Territorio

SUPERFICIE: 22.446 km²

Monti:
Monte Cimone (2165 m),
Monte Cusna (2120 m),
Monte Maggiorasca (1799 m),
Monte Fumaiolo (1407 m).

Fiumi:
Po (652 km),
Reno (211 km),
Secchia (172 km),
Panaro (148 km),
Savio (126 km),
Taro (125 km),
Trebbia (115 km),
Enza (112 km),
Nure (80 km).

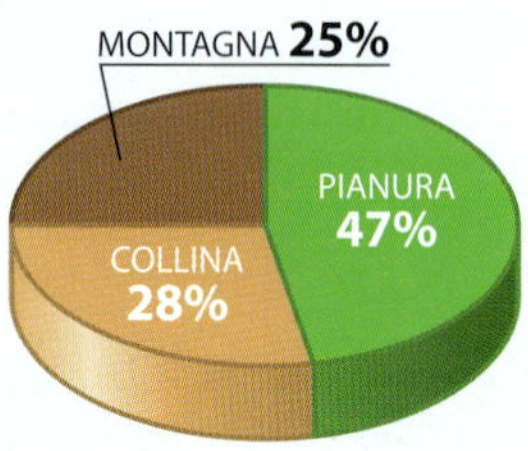

GUIDA ALLO STUDIO — FISSO I CONCETTI

1. Quali elementi naturali segnano i confini dell'Emilia-Romagna?
2. Quali sono i principali affluenti del Po? Com'è il loro corso?
3. Che cosa sono le "valli" e come sono cambiate nel tempo?

▼ Campi coltivati nella Pianura Padana.

▲ I pendii delle colline sono solcati da calanchi.

Il territorio

L'Emilia-Romagna ha una caratteristica forma triangolare che si allarga verso la costa adriatica; a sud della Via Emilia, che attraversa diagonalmente l'intera regione, si elevano colline e montagne, mentre a nord si estende la Pianura Padana. La regione confina a nord con Lombardia e Veneto, a ovest con Liguria e Piemonte e a sud con Toscana, Marche e Repubblica di San Marino.

I confini sud-occidentali della regione sono segnati dall'**Appennino Tosco-Emiliano**, le cui cime raggiungono la massima elevazione nei 2165 metri del Monte Cimone, tra pascoli ed estese foreste di conifere. Verso nord i rilievi appenninici si ammorbidiscono fino a confondersi con le colline.

Le **colline** occupano poco più di un quarto del territorio e presentano aspetti diversi: in prossimità dell'Appennino i loro versanti sono solcati dai calanchi e talvolta privi di vegetazione, mentre più a nord assumono un profilo molto dolce e sono in gran parte coltivati.

La parte settentrionale della regione è occupata dalla **Pianura Padana**, che si estende fino al Po, nel quale confluiscono i numerosi affluenti provenienti dall'Appennino; tra questi il Taro e il Secchia. Più a sud la pianura è attraversata dal Reno, che sfocia direttamente in mare, senza confluire nel Po.

La **costa** è ovunque bassa e sabbiosa, caratterizzata nel tratto settentrionale da acquitrini e lagune, denominate anche "valli". Un tempo queste erano molto più estese ma, a seguito di ingenti opere di bonifica, sono state limitate al tratto di costa compreso tra la foce del Po e quella del Reno. Le più note sono le valli di Comacchio.

Bologna

Abitata dagli Etruschi (che la chiamarono **Felsina**) e dai Romani (che la chiamarono **Bononia**), Bologna fu un importante centro commerciale. Raggiunse il massimo splendore in età comunale, tra l'XI e il XII secolo, quando divenne anche sede della **prima università d'Europa**. Risalgono a questo periodo le Torri pendenti degli Asinelli e della Garisenda (che sono diventate il simbolo della città), la struttura del centro storico, con le vie affiancate da palazzi con portici (lunghi quasi 40 chilometri, tanto che, si dice, a Bologna non serve mai l'ombrello) e la Basilica gotica di San Petronio. La città è ricca di bellissimi monumenti, tra cui le chiese di San Domenico e di San Francesco, Piazza Maggiore, l'Università e la Fontana del Nettuno, fra le più belle d'Italia: risale al XVI secolo ed è sovrastata da una statua di Nettuno con il tridente che compie il gesto di placare le acque.
Oggi Bologna è una città molto dinamica e vivace, anche grazie alla felice posizione geografica, favorita da importanti vie di comunicazione.

Uno scorcio del centro, con le due Torri.

▲ Prati e montagne sull'Appennino Tosco-Emiliano.

Il clima

Il clima è **continentale** in pianura e sui rilievi montuosi, caratterizzato da una forte umidità: le estati sono calde e afose e gli inverni sono rigidi e nebbiosi. Lungo la costa il clima è **mite** in estate e freddo in inverno, a causa del vento che spira da nord-est.

La popolazione e le città

Le città più popolose si trovano lungo la Via Emilia, che attraversa tutta la regione. La costa è molto urbanizzata tra Riccione e Milano Marittima; più a nord i centri abitati sono più radi e di dimensioni minori, anche perché la natura paludosa del terreno è poco favorevole agli insediamenti. In generale la pianura ospita numerosi centri di dimensioni medio-grandi, mentre procedendo verso i rilievi dell'Appennino la densità di popolazione cala notevolmente.

Città e province

Lo stemma della regione è formato da una fascia verde, ondulata nella parte superiore, inserita in un quadrato a sfondo bianco.

Capoluogo: Bologna.
Altre province: Ferrara, Forlì-Cesena, Modena, Parma, Piacenza, Ravenna, Reggio Emilia, Rimini.
Popolazione: 4.448.146 ab.
Densità: 198 ab./km^2

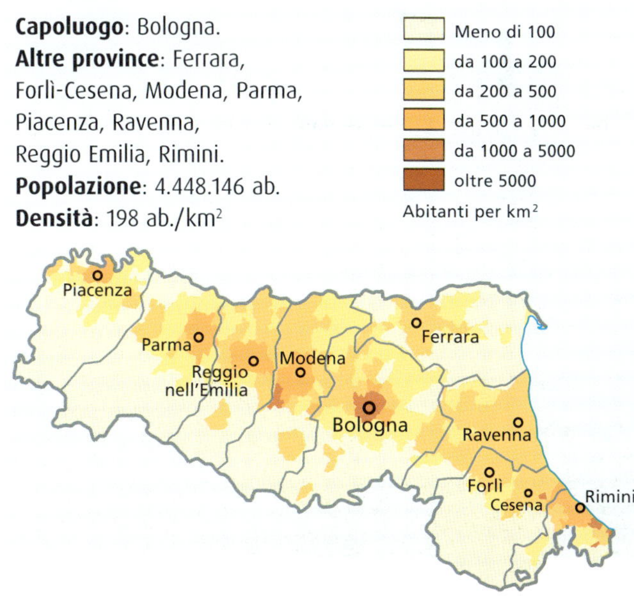

GUIDA ALLO STUDIO — FISSO I CONCETTI

1. Quali sono i fattori che ostacolano gli insediamenti in alcune zone della regione?
2. Quali sono le aree più urbanizzate?
3. Nella fascia appenninica, la densità di popolazione è più alta o più bassa che nel resto della regione?

GEO FOLK

Reggio Emilia: la città del Tricolore

La città di Reggio Emilia, è detta la "citta del Tricolore" perché proprio qui, il 7 gennaio 1797, fu innalzata per la prima volta la bandiera verde, bianca e rossa che sarebbe in seguito diventata la bandiera nazionale italiana. Era originariamente lo stendardo della **Repubblica Cispadana**, un'entità politica che comprendeva i territori di Reggio, Bologna, Ferrara e Modena, e che fu fondata in seguito alla conquista dell'Italia Settentrionale da parte dell'esercito di Napoleone. La città ricorda ogni anno questo evento con la **Festa del Tricolore**, una celebrazione solenne che si tiene proprio il 7 gennaio e a cui partecipano spesso le alte cariche dello Stato, come il Presidente della Repubblica, che passa in rassegna una guardia d'onore e tiene un discorso. Nel Municipio della città si trova la grande Sala del Tricolore, il luogo in cui la bandiera fu spiegata per la prima volta, e il Museo del Tricolore, che ne ricostruisce la storia.

La Sala del Tricolore nel Municipio di Reggio Emilia.

La Repubblica di San Marino

La Repubblica di San Marino è la più antica repubblica d'Europa: risale al IV secolo d.C. Il suo territorio si estende per circa 61 km², tra l'Emilia-Romagna e le Marche, e comprende anche il Monte Titano (739 m) e la zona collinare adiacente. Il clima è temperato. La popolazione è di circa 31 000 abitanti, di cui circa 4200 vivono nella capitale, Città di San Marino. L'economia poggia principalmente sull'**artigianato** e sul **turismo**, ma non mancano le tradizionali aree di sviluppo economico: l'agricoltura (cereali, vite) e l'industria (cemento, carta, gomma e tessile). Rilevanti sono i guadagni provenienti dall'emissione di **francobolli**, molto ricercati dai collezionisti. San Marino, grazie al regime fiscale separato da quello italiano, è sede di numerose banche e società di intermediazione finanziaria. La moneta corrente è l'euro.

▲ Alberi di ciliegio nei dintorni di Modena.

▼ Un allevamento di anguille nelle valli di Comacchio.

L'economia

L'**agricoltura** è ancora oggi una risorsa fondamentale dell'economia regionale. La fertile Pianura Padana viene coltivata con tecniche all'avanguardia e con un alto livello di meccanizzazione, e la produzione è strettamente legata all'**industria agroalimentare**. La regione è la prima produttrice nazionale di frutta: pesche, pere, susine, mele, kiwi, angurie e ciliegie coprono una buona parte della produzione nazionale. Sono molto diffuse anche le coltivazioni di barbabietole da zucchero, frumento e ortaggi, tra cui i pomodori. La vite viene coltivata soprattutto nel Piacentino, nel Modenese e in Romagna, dove si concentra la produzione dei vini più rinomati. L'Emilia-Romagna è all'avanguardia nell'**allevamento**, principalmente di bovini e suini, e nella **pesca**: entrambe queste attività fanno uso di tecnologie avanzate. Degno di nota è l'allevamento dell'anguilla nelle valli di Comacchio.

GEO PATRIMONIO

L'Arco di Augusto a Rimini.

Se ti capita di passare una vacanza sulla Riviera Romagnola ti consigliamo di visitare **Rimini**: nel punto in cui la Via Emilia si congiungeva alla Via Flaminia sorge il più antico Arco di Augusto ancora conservato (risale al 27 a.C.). A breve distanza si trova il Tempio Malatestiano, dedicato a San Francesco, considerato uno dei migliori esempi di architettura del primo Rinascimento (ospita anche un Crocifisso dipinto da Giotto).

A **Ravenna**, che fu capitale dell'Impero Romano d'Occidente, puoi visitare i magnifici mosaici, conosciuti in tutto il mondo, che ornano le basiliche di San Vitale, di Sant'Apollinare in Classe, di Sant'Apollinare Nuovo e il Mausoleo di Galla Placidia. Ravenna ospita anche la tomba di Dante Alighieri, il massimo poeta italiano, che qui morì nel 1321.

A **Modena** c'è una stupenda Cattedrale, costruita tra l'XI e il XIII secolo e caratterizzata da una torre campanaria, detta la Ghirlandina, alta 88 metri; in città si trova anche la Galleria Estense, che custodisce capolavori della scuola emiliana e padana dei secoli dal XIV al XVIII.

Non si può lasciare questa regione senza una visita alla città di **Ferrara**, per i suoi viali e i suoi palazzi, soprattutto Palazzo Schifanoia e il Castello Estense; il poeta D'Annunzio la chiamò "la città dalle strade ampie come fiumi" proprio a sottolineare il lento ma possente scorrere della sua eleganza architettonica.

Il Castello Estense a Ferrara.

▲ Il Parmigiano Reggiano, esportato in tutto il mondo.

◀ Il culatello.

▶ Riviera Romagnola.

La regione è famosa anche per la produzione di **generi alimentari tradizionali**, quali il Parmigiano Reggiano, il prosciutto crudo di Parma, il culatello di Zibello, lo zampone e la mortadella, esportati in tutto il mondo.

Fra le principali **attività industriali** si segnalano, oltre al già citato settore alimentare, quelli metallurgico, metalmeccanico, tessile, dell'abbigliamento, delle ceramiche per l'edilizia e dei mobili.

Le attività commerciali sono favorite dalle efficienti vie di comunicazione, mentre il **turismo** è la principale risorsa economica della Riviera Romagnola, grazie alle spiagge sabbiose, alle attrezzature alberghiere e alle ampie possibilità di divertimento.

Il più importante aeroporto regionale è quello di Bologna, mentre il principale porto è quello di Ravenna.

Attività economiche

ADDETTI PER SETTORE

Popolazione attiva: 63%
Disoccupati: 8,3%

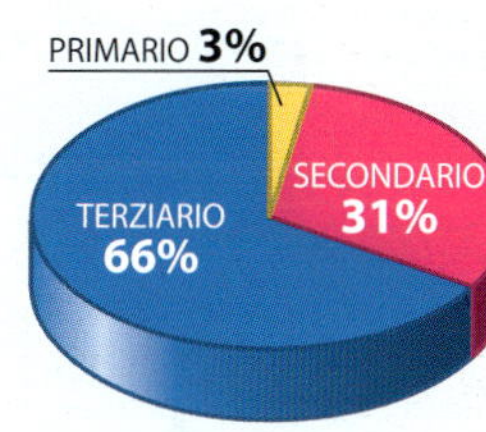

GUIDA ALLO STUDIO — FISSO I CONCETTI

1. Quali sono e dove vengono coltivati i principali prodotti agricoli?
2. Quali sono i prodotti alimentari tradizionali?
3. Quali altre attività economiche sono sviluppate nella regione?

ITINERARIO IN...

TOSCANA

Famosa in tutto il mondo come la terra del "buon vivere", la Toscana si distingue per un felice incontro tra arte, storia e sapori.

1 Carrara

Sorta nel nord-ovest della regione, vicino al confine con la Liguria, Carrara è nota in tutto il mondo per il suo celebre **marmo**, una pregiata pietra bianca impiegata fin dai tempi dei Romani per realizzare grandiosi edifici e statue preziose. Si estrae in grandi cave sulle **Alpi Apuane**, dove enormi blocchi di pietra, pesanti anche decine di tonnellate, vengono letteralmente tagliati via dalle pareti rocciose delle montagne. Si dice che Michelangelo, il grande artista del Rinascimento, andasse personalmente nelle cave di Carrara per scegliere i blocchi di marmo dai quali avrebbe ricavato le sue sculture più famose.

GEO VERDE

La macchia mediterranea in Maremma.

Una delle principali aree naturali protette della Toscana è quella del **Parco Regionale della Maremma**, che si estende lungo la costa meridionale, nei pressi di Grosseto, e comprende, oltre al litorale, anche aree paludose ricche di volatili e pinete di lecci, corbezzoli e lentischi. La fauna è composta, tra l'altro, da daini, cervi, cinghiali, cavalli e buoi allo stato brado.

Nella Toscana settentrionale, il **Parco delle Alpi Apuane** protegge un territorio selvaggio, ora montano ora collinare, caratterizzato da antichi alpeggi e dai segni delle cave di marmo; all'interno del parco si trova l'Antro del Corchia, la terza grotta carsica più profonda d'Italia, che può essere visitata lungo un percorso di cunicoli sotterranei. Un importante parco naturale protegge anche le sette isole della regione: è il **Parco Nazionale dell'Arcipelago Toscano**, il più grande parco marino del Mediterraneo.

Cucciolo di cinghiale.

2 Volterra

Adagiata sulle colline toscane, Volterra è una cittadina famosa in tutto il mondo per i suoi **straordinari monumenti** che testimoniano i quasi 3000 anni di storia del paese e dell'area circostante. Il primo nucleo di Volterra fu infatti fondato nel VI secolo a.C. dagli **Etruschi**, che circa due secoli dopo costruirono le mura che ancora oggi circondano la città. Altri importanti monumenti da visitare sono le rovine del Teatro, di epoca romana, e il Duomo, costruito nel Medioevo.

3 L'Abbazia di San Galgano

A poche decine di chilometri da Siena, ai piedi delle Colline Metallifere, in un paesaggio solitario si erge una **grande abbazia in rovina**, priva del tetto. L'atmosfera è resa magica dalla presenza, nella cappella di un piccolo eremo a poca distanza, di una spada nella roccia, proprio come quella che, secondo la leggenda, Artù dovette estrarre per provare di essere il vero re dei Britanni. L'abbazia, costruita nel XIII secolo, e l'eremo sono dedicati a San Galgano, un nobile toscano che, si racconta, abbandonò una vita di vizio e lusso e si ritirò qui, conficcando la propria spada in un masso per farne una croce davanti alla quale pregare.

4 Pianosa

Pochi chilometri a sud dell'Isola d'Elba, Pianosa è un'isola di circa 10 km^2 che fa parte dell'Arcipelago Toscano, con coste che alternano scogliere rocciose e spiagge di sabbia bianca, e un interno pianeggiante occupato da coltivazioni di viti e olivi e dalla macchia mediterranea. Il suo territorio è di proprietà dello Stato: fino al 1998 sull'isola c'era un carcere di massima sicurezza. La presenza della prigione ha avuto l'involontario effetto di preservare l'ambiente naturale dell'isola, in quanto all'epoca vi risiedevano solo i detenuti e le guardie carcerarie. Oggi Pianosa è **disabitata**; chi vuole andarci deve prenotare la visita con grande anticipo perché, per proteggere l'ambiente, l'accesso è consentito solo a pochi gruppi di turisti ogni giorno.

Il territorio

Il paesaggio più famoso della regione è quello delle dolci colline coltivate, ma in Toscana si trovano anche splendide coste e isole, montagne selvagge e verdi aree pianeggianti.

La Toscana è la regione più estesa dell'Italia Centrale e confina a nord con la Liguria e l'Emilia-Romagna, a est con le Marche e l'Umbria, a sud con il Lazio; a ovest si affaccia sul Mar Tirreno.

L'**Appennino Tosco-Emiliano** segna i confini toscani settentrionali e orientali. Tra l'Appennino e il mare si estende la catena montuosa delle Alpi Apuane, di roccia calcarea bianca. Più a sud, tra le province di Grosseto e Siena, si eleva il Monte Amiata (1738 metri), un antico vulcano ormai spento.

Le **colline** rappresentano l'ambiente predominante e più caratteristico della regione, impreziosito dagli splendidi paesi di origine medievale, dalle coltivazioni e dai filari di cipressi. Un caso particolare è quello delle **Colline Metallifere**, sfruttate sin dall'antichità per la ricchezza del sottosuolo e caratterizzate dai soffioni boraciferi, violenti getti di vapore che fuoriescono da spaccature del terreno. Più a nord si trovano le colline del **Chianti**, famose per la produzione di vini pregiati.

La più estesa pianura toscana è il **Valdarno**, di origine alluvionale, che segue il corso inferiore dell'**Arno**, il fiume principale della regione. Più a nord si allunga una tipica pianura costiera, la **Versilia**, che si estende fino al confine con la Liguria; più a sud invece, tra il fiume Cecina e l'Ombrone, troviamo la **Maremma**, che prosegue sino in territorio laziale. Nell'entroterra si estende la stretta **Val di Chiana**; appartiene alla Toscana anche un breve tratto della **Val Tiberina**, formata dai depositi alluvionali del fiume Tevere.

Le coste sono prevalentemente basse, lineari e sabbiose. Fanno eccezione i **promontori** di Piombino e del Monte Argentario, che presentano coste alte e rocciose. Al largo si trovano le **isole** dell'Arcipelago Toscano: Elba (la terza isola italiana per estensione), Giglio, Pianosa, Gorgona, Capraia, Montecristo e Giannutri.

Territorio

SUPERFICIE: 22.992 km²

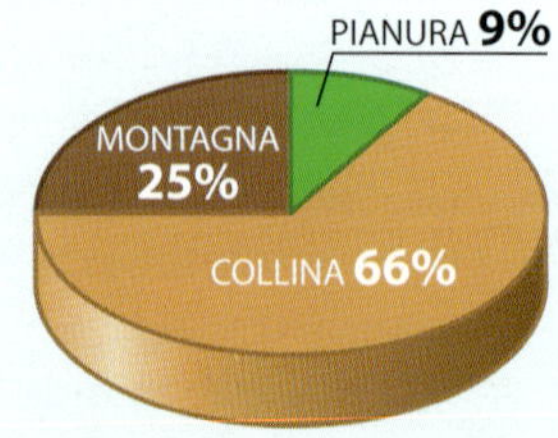

Monti:
Monte Pisanino (1945 m),
Monte Amiata (1738 m),
Monte Falterona (1654 m).

Fiumi:
Arno (241 km),
Ombrone (161 km),
Serchio (111 km),
Cecina (78 km),
Magra (62 km).

Laghi:
di Massaciuccoli,
di Chiusi.

Isole:
Elba,
Giglio,
Pianosa,
Gorgona,
Capraia,
Montecristo,
Giannutri.

GUIDA ALLO STUDIO — FISSO I CONCETTI

1. Qual è l'ambiente predominante della Toscana?
2. Quali sono le zone collinari? E quelle di pianura?

▼ Le colline toscane sono punteggiate di cipressi e antichi casolari.

Firenze

Città d'arte tra le più famose del mondo e per un breve periodo capitale d'Italia, Firenze già nel Medioevo era un centro culturale e commerciale di grande importanza. Nel Rinascimento si arricchì di uno straordinario patrimonio architettonico e artistico, grazie all'opera di Brunelleschi, Leonardo da Vinci, Michelangelo... Ancora oggi il centro storico della città conserva numerosi monumenti di straordinaria bellezza.
Nella Piazza del Duomo sorgono **Santa Maria del Fiore**, il **Battistero** e il **Campanile di Giotto**; in Piazza della Signoria si affacciano il **Palazzo Vecchio**, la **Loggia dei Lanzi** (che custodisce celebri sculture) e la **Galleria degli Uffizi**; tra gli altri splendidi monumenti meritano un cenno particolare **Santa Maria Novella** e **Santa Croce**.

La Fontana di Nettuno in Piazza della Signoria.

▲ Ponte Vecchio a Firenze.

Il clima

In Toscana si possono distinguere due diverse aree climatiche: una più interna, lungo l'arco appenninico, dove le estati sono fresche e gli inverni rigidi; l'altra, verso la costa, che risente dell'azione mitigatrice del mare, con estati calde ma ventilate e inverni miti.

La popolazione e le città

La popolazione non è distribuita in modo omogeneo: ci sono vaste **aree scarsamente abitate** e aree con un'**alta concentrazione urbana**. Sono poco popolate le zone intorno ad Arezzo, Siena e Grosseto, che comprendono aree montuose, mentre sono densamente abitati i territori nei dintorni di Firenze, Prato, Pistoia, Livorno e Pisa. **Firenze** è l'unica grande città; per il resto la regione è caratterizzata da numerosi centri urbani di dimensioni medio-piccole, molti dei quali sono importanti mete turistiche. Proprio il turismo garantisce le risorse necessarie per mantenere un'elevata qualità dei servizi anche nei paesi più piccoli, prevenendo i rischi di spopolamento. Le favorevoli condizioni abitative, la bellezza dei luoghi e il clima mite hanno attirato in Toscana, negli ultimi decenni, numerosi cittadini dell'Europa Centro-Settentrionale, che hanno scelto questa regione come luogo di residenza. In particolare l'area delle colline del Chianti è stata soprannominata "Chiantishire", nome che fa il verso alle contee della Gran Bretagna, proprio per i molti residenti inglesi.

Città e province

Lo stemma della regione è costituito da Pegaso, il cavallo alato, inserito in uno scudo con campo rosso.

Capoluogo: Firenze.
Altre province: Arezzo, Grosseto, Livorno, Lucca, Massa Carrara, Pisa, Pistoia, Prato, Siena.
Popolazione: 3.744.398 ab.
Densità: 163 ab./km²

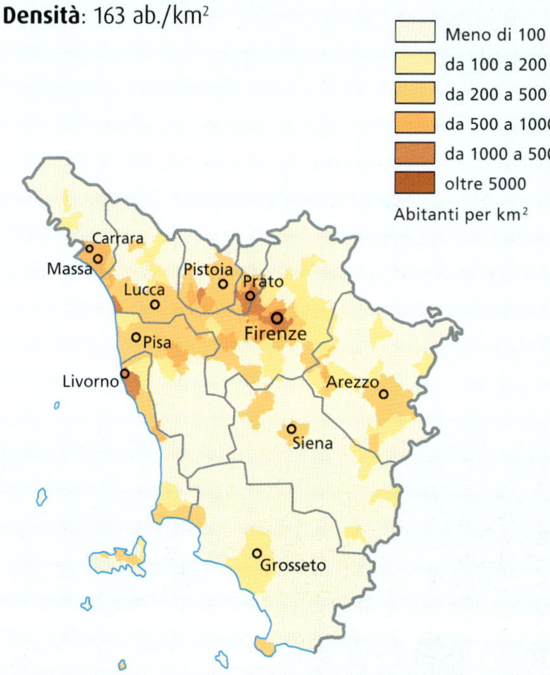

GUIDA ALLO STUDIO **FISSO I CONCETTI**

1. La densità di popolazione è simile in tutte le province?
2. Quali sono le zone meno abitate? Perché?
3. Da quale tipo di insediamento è caratterizzata la regione?

GEO FOLK

Il Palio di Siena

Il Palio di Siena, che si tiene due volte l'anno, il 2 luglio e il 16 agosto, è un evento molto atteso dai senesi, e rappresenta la più importante tradizione cittadina, le cui prime edizioni si svolsero nel Quattrocento. Oggi vi partecipano, a turno, 10 delle 17 contrade (rioni) della città. I cavalli, montati da fantini, si sfidano per conquistare un drappo dipinto da importanti artisti (il Palio, appunto). Vince chi per primo riesce a percorrere tre giri della **Piazza del Campo**, la piazza principale della città. Turisti e televisioni di tutto il mondo ne seguono con interesse lo svolgimento.

Sbandieratori al Palio di Siena.

▲ I vigneti del Chianti producono uve da cui si ricavano vini pregiati.

▼ Industria tessile a Prato.

Attività economiche

ADDETTI PER SETTORE

Popolazione attiva: 62,3%
Disoccupati: 10.2%

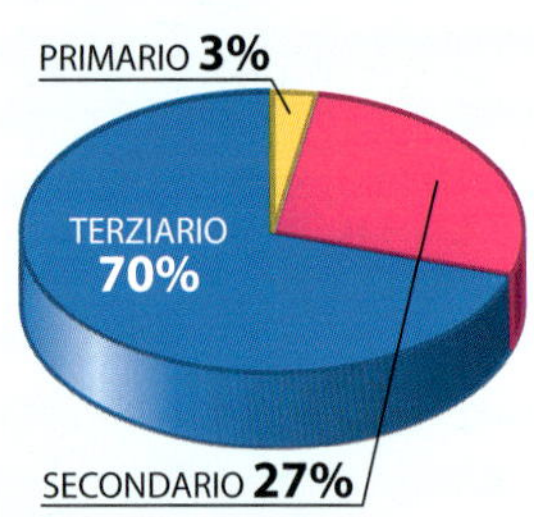

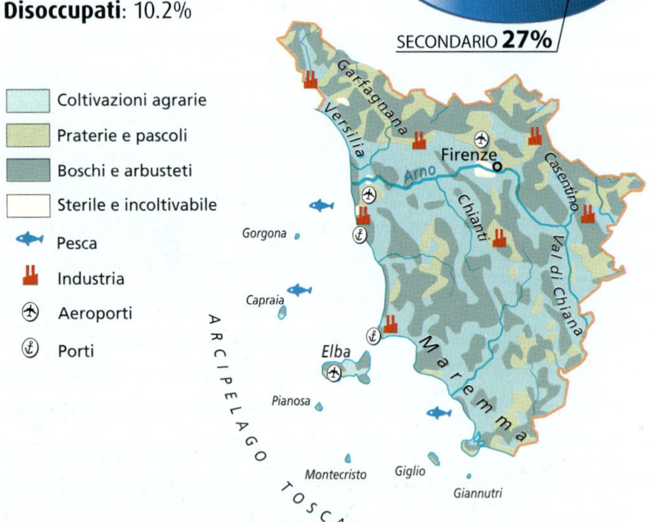

L'economia

Lo sfruttamento agricolo delle poche pianure e delle estese aree collinari è favorito dalla fertilità del suolo e dalla mitezza del clima. Le **coltivazioni** principali sono quelle della vite, dell'olivo e dei cereali, ma si producono anche altre qualità di frutta, ortaggi, barbabietole e tabacco.

I principali **allevamenti** sono quelli di bovini e suini.

Anche l'**estrazione mineraria** e lo sfruttamento di **fonti energetiche geotermiche**, in particolare quelle dei soffioni boraciferi nei dintorni di Larderello, hanno una certa importanza. La pesca invece non è particolarmente redditizia, perché il mare è poco pescoso.

La **produzione industriale** è significativa nei settori metallurgico, petrolchimico e della cantieristica navale, soprattutto a Livorno e Piombino; sono sviluppati anche i settori tessile, in particolare nell'area di Prato, alimentare e conserviero, grafico-editoriale.

GUIDA ALLO STUDIO **FISSO I CONCETTI**

1 Quali sono le principali coltivazioni?
2 Quali attività artigianali sono tipiche della regione?
3 Quali strutture turistiche si sono particolarmente sviluppate nella regione?

▲ I soffioni boraciferi di Larderello.

▼ Uno stabilimento balneare al Lido di Camaiore, nel Lucchese.

Tra le **attività artigianali** rivestono una notevole importanza la lavorazione del marmo (Carrara), dell'alabastro (Volterra) e del cristallo (Colle Val d'Elsa).

Nell'economia regionale ha un ruolo di primo piano il **turismo**, favorito da un patrimonio artistico e naturale straordinario.

Sulle colline toscane sono particolarmente diffusi i poderi, insediamenti rurali concepiti anticamente per essere autosufficienti e oggi trasformati in strutture specializzate nell'**agriturismo**: immerse nella campagna, consentono di apprezzare la bellezza dell'ambiente.

Lungo il litorale della Versilia sorgono numerosi e famosi **centri balneari**; anche la costa del Monte Argentario è molto apprezzata per la bellezza naturale dei luoghi e la trasparenza del mare. L'Isola d'Elba, come gran parte dell'Arcipelago Toscano, è un'altra meta turistica rinomata.

GEO PATRIMONIO

La presenza dell'uomo in Toscana risale a epoche molto antiche, ma le prime forme di organizzazione del territorio si devono agli Etruschi, che hanno lasciato molte testimonianze della loro presenza; tra queste, numerose necropoli, per esempio quelle di **Populonia** e di **Vetulonia**, e splendidi oggetti e sculture che risalgono al IV e V secolo a.C. Agli Etruschi succedettero i Romani e, dopo la caduta dell'Impero, la regione fu soggetta a diverse invasioni. Ma la Toscana attuale è soprattutto il risultato delle trasformazioni avvenute in epoca medievale e rinascimentale, quando si svilupparono prima importanti Comuni liberi e poi fiorenti Signorie, si costruirono le città e si modellarono i paesaggi agrari delle campagne.

La Galleria degli Uffizi a Firenze.

Oltre a **Firenze**, che ospita tra l'altro la Galleria degli Uffizi, la più importante galleria d'arte italiana, con opere di Raffaello, Michelangelo, Tiziano, Botticelli, meritano una visita accurata **Siena**, celebre in tutto il mondo per la bellissima Piazza del Campo, e **Pisa**, famosa per la Torre pendente che si affaccia sulla Piazza dei Miracoli.

San Gimignano.

Non mancano centri minori altrettanto affascinanti, come San Gimignano, borgo medievale che sorge su un colle e si riconosce da lontano per le numerose torri, o Monteriggioni, splendido esempio di borgo fortificato, completamente circondato da una cinta muraria che risale al XIII secolo.

Monteriggioni, borgo medievale fortificato.

Crete senesi e Val d'Orcia

Il paesaggio a sud di Siena, nel territorio posto fra Asciano, Pienza e Montalcino, nell'alto bacino dei fiumi Orcia e Ombrone, è stato raffigurato mille volte: prima dalla pittura, fin dai maestri senesi del Trecento; poi dalla fotografia, dal cinema e dalla televisione. Se ci fate caso, spesso lo scoprirete come fondale per il lancio pubblicitario di qualche novità automobilistica.

Colline argillose, scabre e biancastre si alternano a più morbidi pendii, modellati dal variare delle colture – il grano, l'olivo, la vite – e dei pascoli. Il territorio è poi punteggiato di antichi e preziosi borghi: dalla rinascimentale Pienza alla medievale Montalcino, famosa per il suo vino; dall'isolata Abbazia di Sant'Antimo al fascino delle antiche terme di Bagno Vignoni.

Casolari e cipressi
Sulle dorsali, isolate, appaiono le case coloniche, circondate da una manciata di cipressi, che talvolta invece accompagnano i bordi delle strade, tracciando viali sinuosi che risalgono i declivi.

Modello di natura e di cultura

Il centro storico di Pienza.

L'equilibrio di natura e cultura della Val d'Orcia è il frutto della particolare attenzione che l'uomo ha riservato all'ambiente in cui vive. A partire dal Rinascimento, l'epoca d'oro della cultura italiana, chi decideva le sorti della politica ha sempre pensato che un paesaggio gradevole, in cui gli abitanti possano vivere in armonia con la natura, fosse un modo per rispecchiare l'immagine del "buon governo". Da tempo, purtroppo, questo senso estetico ha abbandonato le scelte della politica, non solo in Italia. Per questo l'iscrizione, nel 2004, del territorio della Val d'Orcia tra i Patrimoni dell'Umanità ha un valore simbolico molto forte: quello di ricordare all'uomo che è stato capace, nella sua lunga storia culturale, di pensare e creare paesaggi che vanno non solo protetti e conservati, ma presi a modello per una migliore qualità delle nostre vite.

Come in un quadro
Le fioriture a primavera, come le arature all'inizio dell'inverno, sembrano disegnare quadri geometrici e un po' astratti, con forti contrasti di colore.

Bagno Vignoni
La piazza attorno alla quale si è sviluppato il paese è un'antica piscina termale.

ITINERARIO NELLE MARCHE

Nelle Marche arte, natura e cultura convivono in splendida armonia. Un equilibrio che si riflette nell'alta qualità della vita dei suoi borghi a misura d'uomo.

1 Senigallia

Al contrario di altre località balneari, Senigallia, posta lungo la costa a nord di Ancona, è caratterizzata da un turismo poco chiassoso. Simbolo della città è la famosa **Rotonda a Mare**, che si protende dalla spiaggia verso il mare. Costruita nel 1933, fece da cornice ai concerti dei più famosi cantanti italiani degli anni '50 e '60, fino a quando fu chiusa, negli anni '80, perché pericolante. Ristrutturata nel 2006, oggi ospita mostre, convegni e matrimoni.

2 Camerino

Bella cittadina dell'entroterra marchigiano, Camerino sorge in una suggestiva posizione, su un colle a cavallo tra le valli dei fiumi Chienti e Potenza. Nonostante sia un centro piuttosto piccolo, con poco più di 7000 abitanti, ospita una grande e antica **università**, fondata nel 1336. Per gran parte dell'anno le splendide vie del centro storico sono quindi invase da migliaia di studenti provenienti da ogni parte d'Italia e d'Europa.

3 Recanati

A metà strada tra il Mar Adriatico e le prime propaggini dell'Appennino Marchigiano, Recanati è famosa per essere la città in cui nacque e trascorse la giovinezza **Giacomo Leopardi**, grande poeta dell'inizio dell'Ottocento. Oggi è possibile visitare Palazzo Leopardi, la sua casa natale, ancora in parte abitata dai discendenti della sua famiglia. Un altro famoso luogo leopardiano è il Monte Tabor, un'altura che domina la cittadina verso sud ed è chiamata da tutti "il colle dell'infinito", perché proprio qui Leopardi compose la sua celebre poesia *L'infinito*.

Territorio

SUPERFICIE: 9366 km^2

Monti:
Monte Vettore (2476 m),
Monte Catria (1701 m),
Monte Pennino (1571 m),
Monte Carpegna (1415 m),
Monte Conero (572 m).

Fiumi:
Tronto (115 km),
Metauro (110 km),
Chienti (91 km),
Esino (90 km),
Foglia (90 km),
Potenza (90 km).

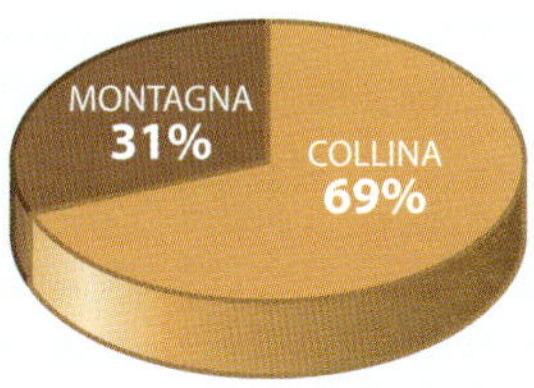

GUIDA ALLO STUDIO FISSO I CONCETTI

1. Individua sulla carta le vette più elevate: a quale gruppo montuoso appartengono?
2. Segui il percorso dei fiumi: dove sfociano?
3. Dove si trova il Monte Conero?

GEO PATRIMONIO

GEO VERDE

Il **Parco Regionale del Conero**, istituito nel 1987, tutela un bellissimo ambiente naturale, ricco di boschi e macchia mediterranea; all'interno del parco si trovano rari esemplari di flora (terebinto, euforbia, ginepro rosso) e fauna (falco pellegrino, rondone). Numerosi sentieri consentono di conoscere a fondo l'area naturale e al tempo stesso di ammirare splendidi panorami. Un'altra area protetta che le Marche condividono con l'Umbria è il **Parco Nazionale dei Monti Sibillini**, che comprende un territorio incontaminato ai piedi del Monte Vettore. Vi si possono incontrare molte specie animali, tra cui il lupo, l'istrice, il gatto selvatico e la martora. Nel territorio del parco sono presenti numerose abbazie, chiese, castelli, fortificazioni e centri storici medievali.

Il paesaggio incantevole del Conero.

Il territorio e il clima

Il territorio delle Marche è caratterizzato prevalentemente da dolci rilievi di media altezza, in gran parte verdeggianti e coltivati, che si spingono sino al mare o a brevissima distanza dalla costa. Le aree pianeggianti sono praticamente assenti.
La regione confina a nord con l'Emilia-Romagna e la Repubblica di San Marino, a ovest con la Toscana, l'Umbria e il Lazio, a sud con l'Abruzzo; a est è bagnata dal Mar Adriatico.
Lungo il confine occidentale si elevano i monti dell'**Appennino Umbro-Marchigiano**, che raggiungono la loro altezza massima con il Monte Vettore (2476 metri), nel gruppo montuoso dei Sibillini. La catena appenninica digrada verso est in dolci colline intensamente coltivate, che si spingono fino al mare.
L'**area collinare** si estende in direzione nord-sud ed è formata da rilievi tondeggianti e strette vallate; l'altezza delle colline diminuisce progressivamente procedendo verso la costa.
La **costa** è bassa e regolare, senza insenature e promontori pronunciati, con la sola eccezione del Monte Conero, uno sperone roccioso che si innalza nei pressi di Ancona formando alte e spettacolari falesie.
I **fiumi** sono brevi e a carattere torrentizio; i principali sono il Metauro, l'Esino, il Chienti e il Tronto. In corrispondenza della loro foce, la zona costiera risulta un poco più ampia per l'accumulo dei depositi sedimentari. Nella regione non vi sono laghi naturali, eccetto quello di Pilato, sui Monti Sibillini.
Lungo la costa il **clima** è marittimo e temperato, con estati non eccessivamente calde e inverni relativamente miti; nell'entroterra è influenzato dai rilievi: gli inverni sono freddi e nevosi, le estati piuttosto fresche.

▼ Le colline marchigiane hanno dolci pendii coltivati.

Ancona

Ancona ha origini antiche: fu fondata nel IV secolo a.C. da coloni greci provenienti da Siracusa, e il suo nome deriva proprio da una parola greca, *ankon*, che significa porto. La città sorge infatti intorno a un vero e proprio **porto naturale** che nel corso della sua storia ha sempre avuto una grande importanza commerciale. Le testimonianze più evidenti del passato risalgono all'epoca romana, e sono costituite da un **anfiteatro** e dall'**Arco di Traiano**. Oggi Ancona presenta due nuclei urbani ben distinti: la città vecchia, percorsa da strette vie e scalinate, che occupa il Colle Guasco e ospita un bellissimo **Duomo** medievale, e quella nuova, attraversata da strade rettilinee che confluiscono verso il porto. Ancona è la città più popolosa delle Marche, con circa 100.000 abitanti, ed è anche il principale centro commerciale e industriale della regione, proprio grazie alla presenza dell'importante scalo marittimo.

Il Lazzaretto di Ancona, detto anche Mole Vanvitelliana.

GEO FOLK

La giostra della Quintana

Ad Ascoli Piceno si svolge ogni anno, la prima domenica di agosto, una popolare rievocazione storica medievale. Il momento più atteso della manifestazione è la giostra della Quintana, una competizione tra cavalieri che trae le sue origini direttamente dai tornei cavallereschi medievali. Sei cavalieri, rappresentanti ciascuno una contrada della città, si sfidano percorrendo una pista ovale in terra battuta e cercando di colpire con la loro lancia uno scudo fissato al braccio sinistro di un manichino, chiamato il Saraceno. Lo scudo ha dei cerchi con diversi punteggi, come un bersaglio del tiro con l'arco: vince chi riesce a totalizzare il maggior numero di punti dopo tre giri. Sembra facile, ma in realtà il Saraceno ha fissato all'altro braccio un flagello, una specie di frusta a cui sono attaccate delle sfere di metallo; quando viene colpito allo scudo, ruota su se stesso flagellando la schiena del cavaliere che non è stato abbastanza veloce da evitarlo!

▼ Il centro di Ascoli Piceno.

Città e province

Lo stemma è una striscia verde a forma di scudo con un picchio stilizzato e la lettera M. Ricorda l'attraversamento dell'Appennino da parte delle popolazioni latine, che portavano come totem il picchio, un uccello sacro.

Capoluogo: Ancona.
Altre province: Ascoli Piceno, Fermo, Macerata, Pesaro e Urbino.
Popolazione: 1.543.752 ab.
Densità: 165 ab./km²

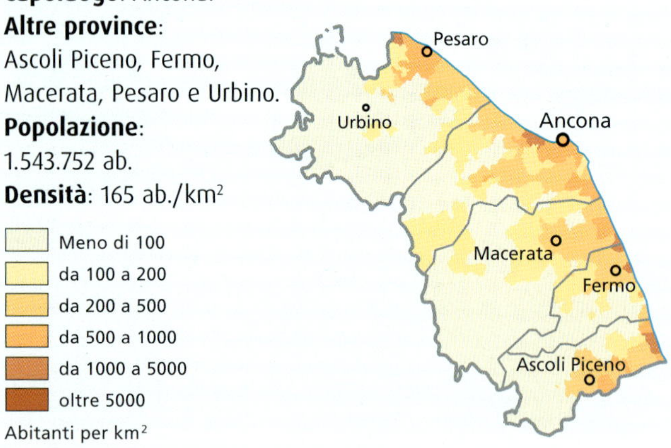

GUIDA ALLO STUDIO FISSO I CONCETTI

1. La regione è molto popolata? Perché?
2. Quali sono le aree maggiormente popolate?
3. Quale tipo di insediamento prevale?

La popolazione e le città

Le Marche non sono una regione molto popolata, perché l'assenza di pianure ostacola l'insediamento umano; la **densità** di popolazione nelle zone abitate, tuttavia, è **abbastanza elevata**. Si tratta delle aree costiere, specie tra Ancona e Pesaro. Non ci sono grandi metropoli; prevalgono centri di piccole e medie dimensioni abbastanza distanti tra loro, costruiti in prevalenza sui rilievi collinari.

L'economia

L'**agricoltura** ha un ruolo notevole nell'economia regionale; sulle colline e nelle vallate dell'interno si coltivano cereali (mais, orzo, frumento), barbabietole da zucchero, ortaggi, frutta, viti. Anche l'**allevamento** rappresenta un'importante risorsa, soprattutto quello di bovini e suini, questi ultimi utilizzati per la produzione di rinomati tipi di insaccati.

▲ Due importanti voci dell'economia: pesca e produzione di salumi.

▼ Una fase di lavorazione della carta Fabriano.

La **pesca** è molto sviluppata e i principali porti pescherecci sono quelli di Ancona, Pesaro e San Benedetto del Tronto. Negli ultimi anni l'**industria** è notevolmente cresciuta, grazie al proliferare di numerose aziende di piccole e medie dimensioni, sorte prevalentemente lungo la costa. I settori più rappresentativi sono quelli tessile, dei mobilifici e della lavorazione delle pelli; nell'entroterra, a Fabriano, è sviluppata l'industria della carta. Castelfidardo è famosa per la produzione di strumenti musicali, in particolare fisarmoniche.

Il **turismo** è in forte crescita grazie alle numerose località balneari e alle città d'arte (soprattutto Urbino); negli ultimi anni l'entroterra esercita un richiamo crescente sui turisti e in collina è sempre più diffuso l'agriturismo.

La linea costiera è percorsa dalla ferrovia e dall'autostrada, mentre la rete viaria interna è meno sviluppata.

GEO PATRIMONIO

La Rocca di Gradara.

Nella città di **Fano**, lungo l'antica Via Flaminia, sorge un antichissimo Arco di Augusto, risalente al 2 d.C.

Merita una visita anche la splendida Piazza del Popolo di **Ascoli Piceno**, dominata dal Palazzo dei Capitani del Popolo, del XIII secolo. A breve distanza si trova la Chiesa di San Francesco, in stile gotico (XIII e XIV secolo).

Verso il confine con l'Emilia-Romagna si trovano la Rocca di **Gradara** e il suo borgo fortificato, notevoli esempi di architettura medievale. Da non perdere è la città rinascimentale di **Urbino**, che sorge intorno al bellissimo Palazzo Ducale, caratterizzato da due alte torri circolari e sede del museo più importante della regione, con dipinti, tra gli altri, di Piero della Francesca.

Veduta di Urbino con il Palazzo Ducale.

Attività economiche

ADDETTI PER SETTORE

Popolazione attiva: 62,9%
Disoccupati: 10,4%

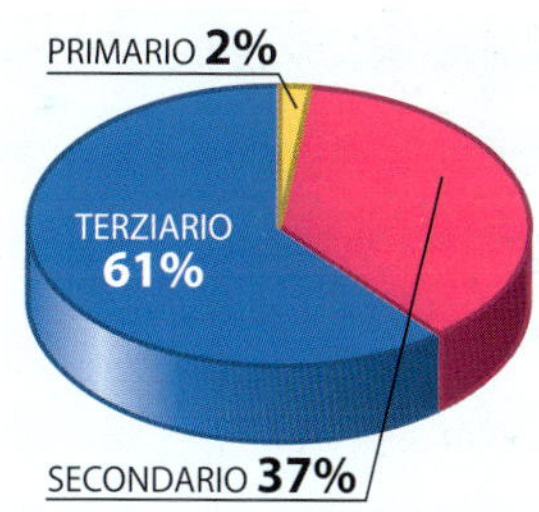

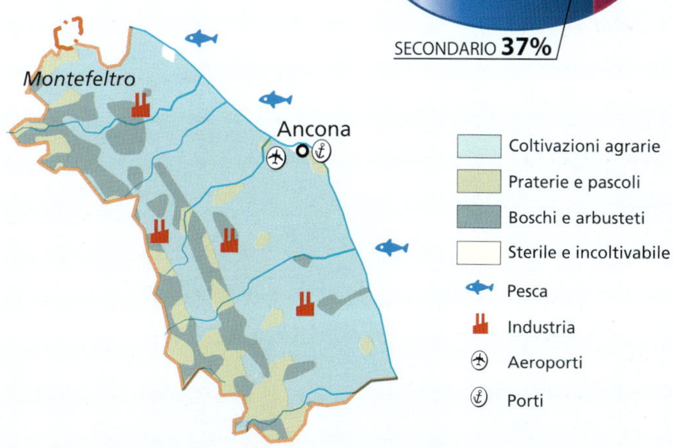

GUIDA ALLO STUDIO **FISSO I CONCETTI**

1. Quali sono i principali prodotti dell'agricoltura marchigiana?
2. Quali sono i settori industriali più sviluppati? Vi sono produzioni tipiche della regione?
3. Dove è più presente il turismo? Ha prospettive di ulteriore espansione?

ITINERARIO IN UMBRIA

Una regione ricca di storia e spiritualità e che può vantare un'elevata qualità della vita.

1 Città di Castello

Città di Castello sorge nella **Val Tiberina**, sulle rive del fiume Tevere. L'antico nome della città sopravvive ancora oggi nel nome usato per indicare i suoi abitanti, che si chiamano "tifernati". Uno dei monumenti più caratteristici della città è la Torre Civica, chiamata anche Torre del Vescovo. Costruita nel Medioevo, oggi è pendente, come la Torre di Pisa o la Torre degli Asinelli a Bologna.

2 La Cascata delle Marmore

Ai confini con il Lazio, nei pressi di Terni, si trova la Cascata delle Marmore, la più alta d'Italia. Si tratta di un'**opera artificiale**, creata dai Romani nel 271 a.C. nell'ambito dei lavori per deviare il corso del fiume Velino e bonificare così la piana di Rieti. Con tre salti, per un totale di 160 metri, le acque della cascata precipitano rumorosamente nel bosco sottostante, per poi confluire nel fiume Nera. Oggi la cascata è alimentata solo in alcune ore del giorno.

3 Spoleto

Antica cittadina a poca distanza da Terni, con il caratteristico centro storico sviluppatosi sul Colle Sant'Elia, Spoleto è un centro ricco di storia, vivace e denso di iniziative. Fondata dall'antica popolazione degli Umbri, fu poi città romana e, nel Medioevo e nel Rinascimento, importante centro culturale. Il centro storico ospita monumenti come il **Duomo** e la **Rocca Albornoziana**, imponente castello che domina la città dalla cima della collina. Ogni estate si svolge il **Festival dei Due Mondi**, durante il quale si tengono spettacoli musicali e teatrali, un concorso cinematografico e mostre d'arte.

Territorio

SUPERFICIE: 8456 km²

Monti:
Monte Vettore (2476 m),
Monte Pennino (1571 m).

Fiumi:
Tevere (405 km),
Nera (116 km),
Velino (90 km),
Chiascio (82 km).

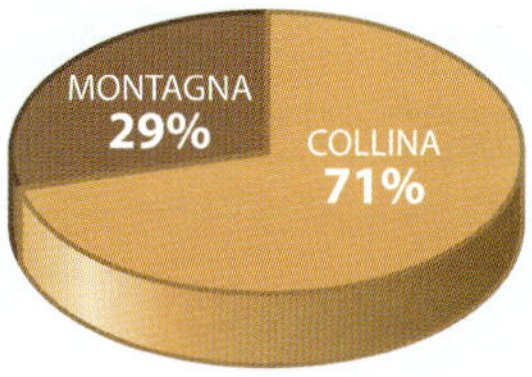

Laghi:
Trasimeno, Corbara.

GUIDA ALLO STUDIO FISSO I CONCETTI

1. Ricerca sulla carta i principali monti dell'Umbria: dove si trovano?
2. Il Lago Trasimeno si trova al confine con un'altra regione: quale? E la Cascata delle Marmore?

Il territorio e il clima

Unica regione della Penisola Italiana a non avere sbocchi sul mare, l'Umbria ha un territorio molto vario e in gran parte intatto, in cui si alternano montagne, colline e valli, boschi e acque. Confina a ovest con la Toscana, a est con le Marche e a sud con il Lazio.

Lungo il confine orientale si estendono i monti dell'**Appennino Umbro-Marchigiano**. L'Umbria condivide con le Marche il massiccio dei Monti Sibillini, dove s'innalza il Monte Vettore (2476 metri; la vetta è in territorio marchigiano). Altri monti importanti sono il Pennino (1571 metri) e il Subasio (1290 metri).

Oltre il 70% del territorio è formato da **colline**, coperte da fitti boschi o coltivazioni e ricche di sorgenti e corsi d'acqua.

Le **pianure** occupano una parte minima del territorio e sono limitate a valli e conche, colmate dai detriti dei fiumi accumulati nel corso dei millenni (alcune di esse erano anticamente occupate dai laghi). La valle principale è la **Val Tiberina**, percorsa dal **Tevere**, che attraversa la regione da nord a sud e riceve il contributo di numerosi affluenti, tra cui il Topino e il Nera. Un'altra ristretta area pianeggiante si trova lungo le sponde del **Lago Trasimeno**, che nonostante sia il più esteso dell'Italia Centrale, non supera i 7 metri di profondità e viene alimentato deviando artificialmente alcuni corsi d'acqua, per evitarne il progressivo prosciugamento.

Il **clima** è generalmente mite, piuttosto piovoso. Sui rilievi gli inverni sono freddi, con abbondanti nevicate, e le estati fresche.

▲ Un esemplare di falco pellegrino.

GEO PATRIMONIO

GEO VERDE

L'Umbria condivide con le Marche il **Parco Nazionale dei Monti Sibillini**, ai piedi del Monte Vettore, creato per proteggere un territorio incontaminato; abitato, tra gli altri, da lupi, aquile reali e falchi pellegrini, è caratterizzato da ampie praterie.

Il **Parco Regionale del Trasimeno** è stato istituito per proteggere e valorizzare il Lago Trasimeno, il maggiore dell'Italia peninsulare, che ha uno scarso ricambio d'acqua. Grazie al parco, lo stato di salute delle sue acque è buono e il territorio circostante preservato.

▼ La Valle del Tevere.

Perugia

Il capoluogo della regione è stato fondato dagli **Etruschi** sulla cima di un colle e si è poi sviluppato lungo le sue pendici. Conserva una parte delle mura etrusche, compreso un bellissimo arco, e uno splendido centro storico in parte medievale e in parte rinascimentale. Tra i monumenti più significativi puoi visitare il **Palazzo dei Priori**, che ospita un'importante galleria d'arte, e la **Fontana Maggiore**, simbolo della città; si trovano entrambi nella centrale Piazza IV Novembre. La città è un famoso centro turistico e culturale e ospita la principale **Università per stranieri** d'Italia.

Palazzo dei Priori, in Piazza IV Novembre.

Città e province

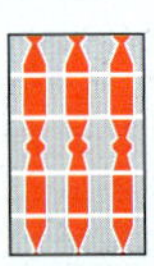

Lo stemma dell'Umbria è costituito da elementi geometrici di colore rosso raffiguranti i tre Ceri di Gubbio, in campo argento di forma rettangolare.

Capoluogo: Perugia.
Altre province: Terni.
Popolazione: 891.181 ab.
Densità: 105 ab./km²

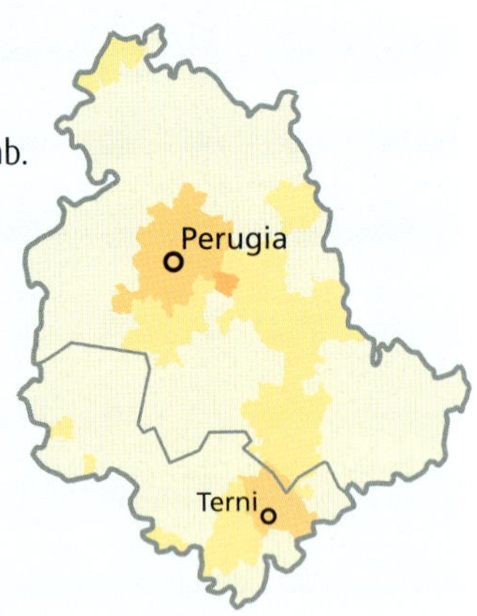

- Meno di 100
- da 100 a 200
- da 200 a 500
- da 500 a 1000
- da 1000 a 5000
- oltre 5000

Abitanti per km²

GUIDA ALLO STUDIO FISSO I CONCETTI

1. Com'è la densità dell'Umbria rispetto a quella nazionale?
2. Dove si concentra principalmente la popolazione?
3. Quante e quali sono le province?

La popolazione e le città

L'Umbria è una delle regioni italiane con il minor numero di abitanti, e la densità è pari a circa la metà della media nazionale. La popolazione ha abbandonato la montagna e si concentra nelle valli e nei numerosi piccoli centri, in genere di antica origine. I due centri maggiori, il capoluogo Perugia e Terni, sono invece abbastanza popolosi. Diversamente da quanto è accaduto in altre regioni italiane, qui non si è verificato lo spopolamento delle campagne tipico degli ultimi decenni. Per questo la cura del territorio è particolarmente capillare e contribuisce a mantenere intatto il fascino della regione.

L'economia

Le coltivazioni di **viti** e **olivi**, dalle quali si ricavano vini e oli di ottima qualità, rivestono un ruolo importante nell'economia regionale. Si producono inoltre cereali, ortaggi e barbabietola da zucchero. Nei boschi si raccoglie il pregiato **tartufo nero**, abbondante soprattutto nella zona di Norcia. Diffuso è l'allevamento di **suini**, che alimenta una fiorente industria di insaccati.
I numerosi corsi d'acqua, e soprattutto la Cascata delle Marmore, consentono una notevole produzione di **energia idroelettrica**. Nei pressi di Terni si trova un grande complesso siderurgico che fa dell'Umbria uno dei maggiori produttori di **acciaio** in Italia. A Perugia, Foligno e Spoleto si trovano importanti **industrie ali-**

Una veduta di Perugia.

GEO FOLK

Le sacre rappresentazioni

Durante il Medioevo, gli spettacoli teatrali erano malvisti dalla Chiesa, che li considerava divertimenti inutili e troppo "leggeri", mentre gli attori erano ritenuti individui poco raccomandabili. Facevano eccezione le sacre rappresentazioni, spettacoli che narravano importanti avvenimenti religiosi allo scopo di educare i fedeli e coinvolgerli nella preghiera. Uno dei primi organizzatori di sacre rappresentazioni in Italia fu **San Francesco d'Assisi**, che mise in scena dei veri e propri "presepi viventi". Anche il religioso e poeta medievale **Iacopone da Todi** scrisse poesie che probabilmente dovevano essere recitate durante questi spettacoli. Ancora oggi in diversi paesi dell'Umbria, come Assisi e Foligno, si svolgono sacre rappresentazioni, specialmente durante la Settimana Santa.

GEO PATRIMONIO

La Basilica Superiore di Assisi.

Nella storia culturale e artistica, oltre che religiosa, dell'Umbria, ha svolto un ruolo molto importante la figura di San Francesco. Molti dei luoghi dove il santo ha vissuto sono divenuti centri di culto, impreziositi da capolavori artistici di inestimabile valore; tra questi la Basilica Superiore di **Assisi**, affrescata da Cimabue e Giotto; danneggiata da un terremoto nel 1997, è oggi stata almeno in parte restituita al suo splendore da lunghi e accuratissimi restauri.

Se ti trovi a **Orvieto**, bellissima cittadina che sorge alta su un colle circondato da ripide pareti di tufo, prova a cercare il famoso Pozzo di San Patrizio, profondo oltre 60 metri e costruito nel XVI secolo per rifornire d'acqua la città.

Tutta l'Umbria è ricchissima di cittadine e **piccoli centri** di antica origine, molti dei quali splendidamente conservati; alcuni sono molto famosi (Gubbio, Todi o Spello), altri meno noti (come Montefalco) ma altrettanto meritevoli di essere scoperti.

Il Pozzo di San Patrizio a Orvieto.

▲ A sinistra: la raccolta delle olive; a destra: ceramiche artigianali.

mentari (famosa la produzione di cioccolato a Perugia), tessili, grafiche e della carta. Per il resto prevalgono le **piccole imprese artigianali**, che producono, soprattutto, ferro battuto e ceramiche caratteristiche.

Un'altra importante risorsa è il **turismo**, favorito dalla bellezza della natura e dalla presenza di luoghi di grande interesse artistico e religioso.

Attività economiche

ADDETTI PER SETTORE

Popolazione attiva: 62,3%
Disoccupati: 10,2%

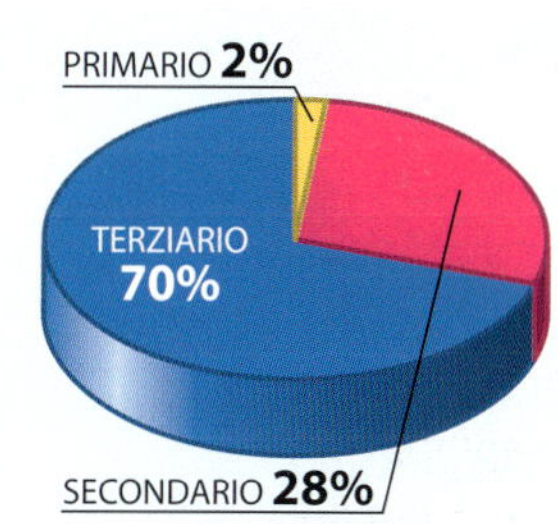

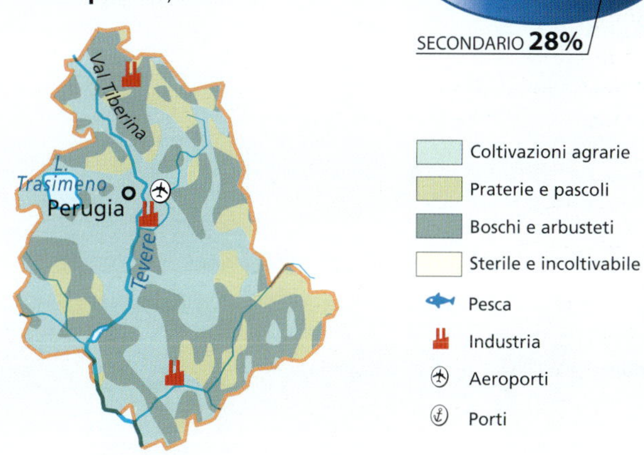

GUIDA ALLO STUDIO FISSO I CONCETTI

1 Quali sono i principali prodotti dell'agricoltura umbra?
2 Il turismo è una risorsa importante per la regione?

ITINERARIO NEL...

LAZIO

La regione in cui si trova la capitale d'Italia è la terra dalla quale gli antichi Romani partirono per conquistare il loro vasto Impero. Nel Lazio si trovano le testimonianze di queste antiche glorie, e molto altro...

Le tappe

1 Tivoli

Tranquilla città a poche decine di chilometri a est di Roma, Tivoli è sempre stata una specie di rifugio per i grandi e i potenti di Roma, che venivano qui per riposarsi dalla vita frenetica della grande capitale. Ne sapeva qualcosa l'imperatore romano Adriano, che in questa zona fece costruire, tra il 118 e il 138 d.C., un'enorme e lussuosissima villa, chiamata oggi **Villa Adriana**. La villa era all'epoca un grande complesso con terme private, un teatro, biblioteche, templi e perfino un laghetto artificiale con un'isola in mezzo. Oggi Villa Adriana è una delle attrazioni turistiche più visitate d'Italia, ed è stata nominata Patrimonio Mondiale dell'Umanità dall'UNESCO.

Un cavaliere d'Italia.

GEO PATRIMONIO

GEO VERDE

Istituito nel 1934, il **Parco Nazionale del Circeo** comprende l'omonimo promontorio (un rilievo di roccia calcarea caratterizzato da numerose grotte), un'antica foresta (la Selva del Circeo), un lungo tratto litoraneo di dune di sabbia alte fino a qualche decina di metri, e varie zone umide (laghi costieri e stagni). Dal 1979 fa parte del parco anche l'Isola di Zannone (Isole Ponziane). La foresta, composta da pini, lecci, frassini, querce e macchia mediterranea, è popolata da cinghiali e daini; i laghi costieri e gli stagni ospitano varie specie di uccelli migratori. Le dune litoranee sono abitate dai conigli selvatici, mentre sull'Isola di Zannone sono stati introdotti i mufloni. Appartengono in parte al Lazio anche il **Parco Nazionale del Gran Sasso e Monti della Laga**, condiviso con l'Abruzzo, e il **Parco Nazionale d'Abruzzo**, **Lazio e Molise**, due importanti aree protette di montagna.

San Felice Circeo.

2 L'Agro Pontino

Nei primi decenni del Novecento, la vasta area intorno all'attuale città di Latina, posta tra i Monti Lepini, i Monti Ausoni e il Mar Tirreno era molto diversa da oggi. Al posto dei campi coltivati e dei pascoli c'erano paludi infestate da insetti, tra cui la zanzara anofele, responsabile della trasmissione della malaria. Intorno agli anni '20 del Novecento lo Stato intraprese un'opera di **bonifica** per prosciugare le paludi e trasformarle in campi coltivabili. La bonifica durò dal 1926 al 1937 e richiese il lavoro di migliaia di operai. Lo Stato incoraggiò poi i contadini di regioni allora povere e sovraffollate, come il Veneto, il Friuli e l'Emilia, a stabilirsi nei nuovi territori, e fondò nella zona alcune nuove città, tra cui Latina (che allora si chiamava Littoria).

3 L'Abbazia di Montecassino

Costruita su un colle ai piedi del quale sorge la città di **Cassino**, vicino al confine con la Campania, l'Abbazia di Montecassino è uno dei monasteri più famosi del mondo. Fu fondata nel 529 da **San Benedetto da Norcia**, da cui prende il nome l'ordine dei Benedettini, e fu in passato uno dei più importanti centri religiosi e culturali d'Italia, con la sua grande biblioteca che ancora oggi conserva libri preziosissimi. Nel corso della sua storia il monastero fu distrutto ben tre volte: nel 581 dai Longobardi, nell'883 dai Saraceni, e durante la Seconda Guerra Mondiale da un bombardamento aereo. Tutto il complesso fu poi ricostruito tra il 1948 e il 1956.

4 Ponza

L'Isola di Ponza è la più grande delle **Isole Ponziane**, arcipelago che si trova nel Mar Tirreno al largo del **Golfo di Gaeta**. Fu abitata fin dall'epoca dei Fenici, che la usarono come scalo marittimo a partire dall'VIII secolo a.C. L'isola, di origine vulcanica, è caratterizzata da alte scogliere rocciose e da numerose grotte sottomarine, meta degli appassionati di immersioni. Ma Ponza è frequentata anche dai turisti che vogliono fare semplicemente un bel bagno al mare: bellissima la spiaggia di **Chiaia di Luna**, una striscia sabbiosa racchiusa da un'altissima scogliera e raggiungibile attraversando un antico tunnel romano.

▲ Il Lago di Bolsena, di origine vulcanica.

Il territorio

Il territorio della regione presenta una grande varietà di paesaggi: monti aspri si alternano a colline, pianure e laghi. Il Lazio confina a nord con Toscana, Umbria e Marche, a est con Abruzzo e Molise, e a sud con la Campania; a ovest si affaccia sul Mar Tirreno. All'interno di Roma si trova anche un piccolo Stato indipendente: la Città del Vaticano.

I **rilievi montuosi** occupano circa un quarto della regione e hanno una disposizione irregolare. Al confine con l'Abruzzo si elevano i Monti della Laga, che appartengono agli Appennini, come il Massiccio del Terminillo. Procedendo verso la costa si incontrano i rilievi antiappenninici, con altezze più modeste e forme arrotondate.

Le **colline** occupano oltre la metà del territorio. Di origine vulcanica sono i Colli Albani, che ospitano i laghi di Albano e Nemi, e i Monti Sabatini, ai cui piedi si estende il Lago di Bracciano. Le colline circondano anche il Lago di Bolsena, il lago vulcanico più esteso d'Europa. Il Lago di Vico è invece circondato dalle modeste alture dei Monti Cimini.

Una **fascia pianeggiante** corre lungo la costa e si allarga nell'entroterra in corrispondenza delle principali pianure: la Maremma laziale, l'Agro Romano, attraversato dal Tevere, che riceve le acque di numerosi affluenti, tra cui il Velino e l'Aniene, e l'Agro Pontino, che si estende tra il mare, i Monti Lepini e i Monti Ausoni. Queste pianure un tempo erano paludose e malariche, ma nel corso del Novecento sono state bonificate.

Le **coste** laziali sono prevalentemente basse e sabbiose, interrotte dai promontori rocciosi di Capo Linaro, del Circeo e di Gaeta. Al largo di Gaeta si trovano le Isole Ponziane (Ponza, Ventotene e Palmarola), mentre lungo il litorale dell'Agro Pontino si incontrano ancora lagune e acquitrini, residuo di antiche e ben più vaste paludi.

Territorio

SUPERFICIE: 17.236 km²

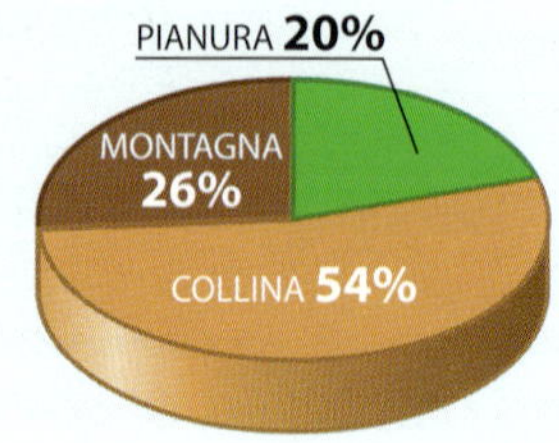

Monti:
Gorzano (2458 m),
Lepri (2455 m),
Pizzo di Svevo (2419 m),
Monti della Meta (2247 m),
Terminillo (2216 m).

Fiumi:
Tevere (405 km),
Liri-Garigliano (158 km),
Aniene (99 km),
Velino (90 km),
Sacco (87 km).

Laghi:
Bolsena,
Vico,
Bracciano,
Albano,
Nemi,
Sabaudia.

Isole:
Ponza,
Ventotene,
Palmarola,
Zannone.

GUIDA ALLO STUDIO **FISSO I CONCETTI**

1 Ricerca sulla carta i due principali monti del Lazio.
2 Individua almeno quattro laghi. Qual è il più grande? Che origine ha?
3 Evidenzia sulla carta il percorso del Tevere.

▼ La foce del Tevere tra Ostia e Fiumicino.

Roma

Secondo gli storici latini, Roma fu fondata nel 753 a.C. Il nucleo primitivo era un piccolo villaggio su un'isola del Tevere, che poi si estese fino a occupare i cosiddetti sette colli (si tratta in realtà di semplici ondulazioni della pianura) e le relative vallate. Nel tempo, Roma divenne una delle più grandi potenze dell'antichità, e fu il centro di un vastissimo Impero. Oggi vanta forse il maggior numero di monumenti al mondo. Il Colosseo, il Foro e il Pantheon sono fra le principali testimonianze dell'**età imperiale**. Le Catacombe, Santa Maria Maggiore e San Paolo fuori le Mura risalgono invece alla prima **epoca cristiana**. Santa Maria in Trastevere è il più celebre monumento **medievale**, mentre la Basilica di San Pietro, nella Città del Vaticano, è una delle più notevoli testimonianze del **Rinascimento**. Piazza Navona e Piazza San Pietro, famose in tutto il mondo, sono invece **barocche**. Roma richiama ogni giorno centinaia di migliaia di turisti e lavoratori, ed è il centro economico, commerciale e culturale della regione. Nella città, **capitale del Paese**, hanno sede tutti gli organi politici e istituzionali dello Stato.

Piazza Navona.

▲ Una veduta di Roma.

Il clima

Il clima è generalmente **temperato**, soprattutto lungo le coste, e piuttosto ventilato. Le aree appenniniche dell'interno presentano tuttavia inverni rigidi e nevosi. Le precipitazioni sono scarse nel tratto costiero settentrionale e più abbondanti nel resto della regione.

La popolazione e le città

Il Lazio è la **seconda regione italiana** per numero di abitanti. La densità è molto più elevata di quella media nazionale, ma varia notevolmente a seconda dell'area. Infatti la popolazione non è distribuita in modo uniforme sul territorio: circa il 70% è concentrato nell'**area metropolitana di Roma** e nelle zone vicine, e la sola capitale ne ospita quasi la metà. Le altre città maggiori hanno dimensioni relativamente ridotte (soltanto Latina supera i 100.000 abitanti) e intorno a esse sorgono numerosi **centri** abitati **di medie e piccole dimensioni**, ma anche estese aree poco abitate, soprattutto verso l'interno. Sulla costa sorgono alcuni importanti centri balneari come Sperlonga, Sabaudia e Terracina.

Città e province

Lo stemma è un ottagono bordato in oro con al centro il simbolo della provincia di Roma e intorno gli stemmi delle altre province, legati da un nastro tricolore.

Capoluogo: Roma.
Altre province: Frosinone, Latina, Rieti, Viterbo.
Popolazione: 5.888.472 ab.
Densità: 341 ab./km²

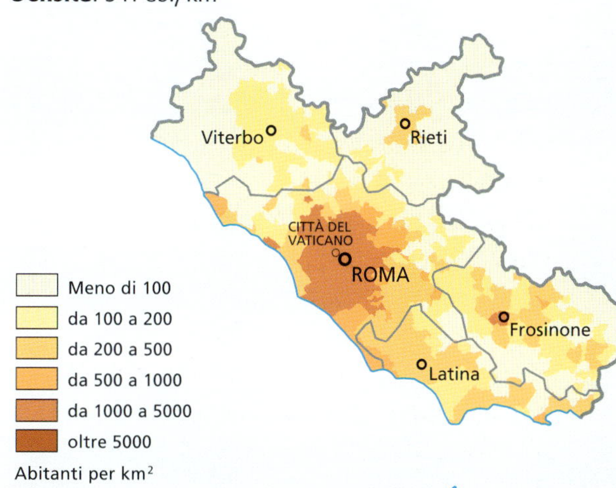

GUIDA ALLO STUDIO **FISSO I CONCETTI**

1 In quante province è diviso il Lazio?
2 Dove si concentra la popolazione?
3 Dove invece la densità è meno elevata?

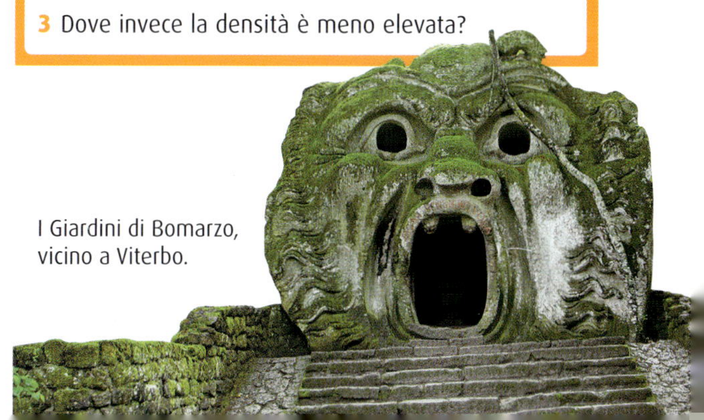

I Giardini di Bomarzo, vicino a Viterbo.

GEO FOLK

L'impertinente Pasquino

A Roma, vicino a Piazza Navona, c'è una piazzetta dove si trova, su un colonnino addossato a un muro, un'antica statua romana molto rovinata che raffigura un uomo, forse un guerriero greco. Fin dal suo ritrovamento, nel 1501, la statua è stata soprannominata dai romani, non si sa bene perché, Pasquino. Per secoli si è tramandata l'usanza di appendere sulla statua, di notte, fogli con accuse e prese in giro, tutte rigorosamente anonime, che avevano come bersaglio i personaggi pubblici della città. Nonostante le leggi emanate per impedire questi scherzi, chiamati "pasquinate", i burloni non si sono mai fermati, e ancora oggi sul povero Pasquino si vedono appese barzellette e poesie contro personaggi politici e autorità varie. Nel 2010, il Comune di Roma ha restaurato la statua, che è ormai considerata uno dei monumenti simbolo della città.

Città del Vaticano

Sulla riva destra del Tevere, nel cuore di Roma, sorge la Città del Vaticano, lo Stato più piccolo del mondo: su una superficie di 0,44 km^2, vivono circa 1000 abitanti. Istituita nel 1929 in seguito a un accordo tra lo Stato italiano e il papa, rappresenta il "centro" della Chiesa cattolica: è infatti la **sede del papato**, massima autorità ecclesiastica e sovrano assoluto dello Stato. Alcune proprietà papali si trovano anche al di fuori di questo territorio: appartengono al Vaticano tre basiliche romane (San Giovanni in Laterano, Santa Maria Maggiore e San Paolo fuori le mura) e **Castel Gandolfo**, residenza estiva del papa. Oltre a una propria bandiera, la Città del Vaticano ha un corpo militare, la Guardia Svizzera, un tribunale, un quotidiano, una radio e un servizio postale. Sul suo territorio sono attive una centrale elettrica, una stazione ferroviaria, una tipografia e numerosi esercizi commerciali. Al centro dello Stato Vaticano si trova la **Basilica di San Pietro**. La Basilica e i **Musei Vaticani** ospitano opere d'arte di inestimabile valore storico e artistico: fra le tante, la *Pietà* di Michelangelo, gli affreschi della Cappella Sistina e quelli delle Stanze di Raffaello.

Attività economiche

ADDETTI PER SETTORE

Popolazione attiva: 65,3%
Disoccupati: 11,2%

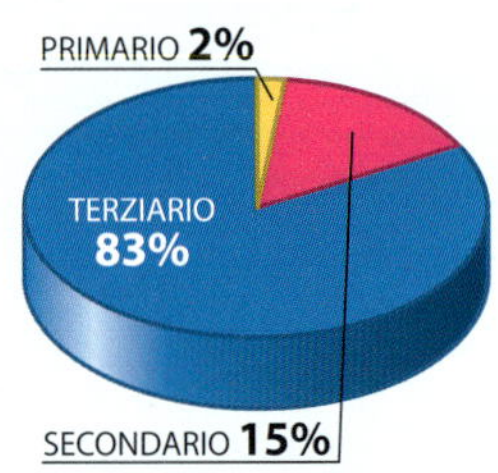

L'economia

L'**agricoltura** è un'attività importante, che ha ricevuto un notevole impulso dalla bonifica delle pianure costiere – avvenuta a partire dagli anni '20 del Novecento – in cui grandi aziende moderne coltivano ortaggi, cereali e frutta. Anche le colline sono fertili e produttive, grazie al clima favorevole e al terreno vulcanico; si coltivano soprattutto cereali, vite e olivo. Molto sviluppato è l'**allevamento**, praticato, con modalità diverse, sia nelle pianure, dove troviamo l'allevamento intensivo di bovini, sia sui rilievi, dove si allevano soprattutto ovini e caprini. Nell'Agro Pontino sono diffusi gli allevamenti di **bufale**, bovini con il cui latte si producono rinomate mozzarelle; ormai raro è l'allevamento brado, cioè il pascolo libero degli animali. È praticata anche la **pesca**, lungo la costa tra Civitavecchia e Anzio e nell'Arcipelago Ponziano.

Le **industrie** sono concentrate nelle zone intorno a Roma, Latina e Frosinone, con fabbriche chimiche, tessili, farmaceu-

GUIDA ALLO STUDIO — FISSO I CONCETTI

1 Che cosa ha favorito lo sviluppo dell'agricoltura laziale? L'allevamento è importante?
2 Quale settore occupa la maggior parte della popolazione? Sai spiegare perché?
3 Quali sono le mete della regione più visitate dai turisti?

GEO PATRIMONIO

Roma, il Colosseo.

Se si pensa alla storia del Lazio vengono subito in mente gli antichi Romani e la magnifica capitale del loro Impero. E ancora oggi una passeggiata per il centro di Roma, in compagnia di migliaia di visitatori che provengono da tutto il mondo, ci permette di immergerci nelle atmosfere di quel tempo lontano, come avviene per esempio tra le colonne dei **Fori Imperiali** o al **Colosseo**, il più importante anfiteatro romano, costruito tra il 70 e l'80 d.C.: per chi lo visita non è certo difficile immaginare gli spettacoli e le lotte tra gladiatori che richiamavano folle di spettatori, come in uno stadio dei nostri giorni.

Scavi archeologici a Ostia.

Se poi si rimane a Roma qualche giorno di più, i luoghi e i monumenti da visitare sono innumerevoli: chiese, palazzi, piazze e musei conservano opere e testimonianze di ogni epoca e stile, e il Lungotevere, o uno dei tanti bellissimi parchi, potrà essere in ogni momento la meta per una sosta riposante. Naturalmente, anche nel resto della regione si incontrano molti monumenti romani, come gli scavi di **Ostia**, antico porto di Roma; ma nel Lazio sono numerosi anche i siti archeologici che ci raccontano delle popolazioni che in tempi ancora più remoti abitarono queste terre, come le necropoli etrusche – da non perdere, per esempio, quelle di **Tarquinia** e **Cerveteri** – o come l'acropoli (città alta) fortificata di **Alatri**: la si raggiunge salendo una scalinata e attraversando una grande porta di pietra, oltre la quale si trovano i suggestivi resti di un antico tempio.

Un affresco etrusco a Tarquinia.

▼ Gli studi della RAI durante una trasmissione televisiva.

▼ Il Quirinale, residenza ufficiale del Presidente della Repubblica.

tiche, elettroniche e delle telecomunicazioni. Sviluppata è anche l'industria della cinematografia, che fa capo alla storica Cinecittà, a Roma. Nella capitale non va inoltre dimenticata la presenza della RAI-Radiotelevisione italiana, tra le maggiori aziende di comunicazione in Europa.

La maggior parte della popolazione è occupata nel **settore terziario** e soprattutto nella **pubblica amministrazione**, che ha un ruolo particolarmente rilevante nella capitale, sede del Parlamento e del Governo, di ambasciate e uffici di ogni genere. Il **turismo** è in continua espansione, a Roma ma anche nelle numerose località archeologiche e nei centri balneari, soprattutto quelli della costa meridionale e delle Isole Ponziane; il turismo montano è sviluppato principalmente sulle pendici del Monte Terminillo, frequentate per la pratica degli sport invernali.

Tra le **vie di comunicazione** stradali riveste notevole importanza il Grande raccordo anulare, che circonda Roma ed è collegato all'Autostrada del Sole; Roma è anche il principale snodo ferroviario dell'Italia Centrale. Il trasporto aereo gravita prevalentemente sullo scalo internazionale di **Fiumicino**, mentre l'unico porto di un certo rilievo, sia commerciale sia turistico, è quello di Civitavecchia.

ITINERARIO IN ABRUZZO

Antica terra di pastori e contadini, l'Abruzzo è oggi una regione piena di attrattive storiche e naturalistiche, con splendide spiagge e alte montagne dall'aspetto alpino.

1 *Sulmona*

Tranquilla cittadina adagiata in una valle circondata dai monti dell'Appennino Abruzzese, Sulmona fu un centro importante già in epoca romana, ed è famosa perché vi nacque, nel 43 a.C., il grande poeta latino Publio **Ovidio** Nasone, autore del poema *Le metamorfosi*. Gli abitanti di Sulmona non hanno dimenticato il loro illustre concittadino del passato, e a Ovidio sono dedicate la Biblioteca Comunale e una grande statua che si trova in Piazza XX Settembre.

2 *Campo Imperatore*

A poca distanza dall'Aquila, ai piedi del Massiccio del Gran Sasso, si trova questo vasto altipiano posto a 1800 metri di altezza. Tutta l'area rientra nel Parco Nazionale del Gran Sasso e Monti della Laga ed è frequentata da molti turisti, grazie alle comode strade che la raggiungono e alla funivia del Gran Sasso, che parte da un'area alla periferia dell'Aquila. Ospita un **osservatorio astronomico** che fa capo all'Osservatorio Astronomico di Roma.

3 *Martinsicuro*

Situata all'estremità settentrionale del territorio abruzzese, vicino al confine con le Marche, e affacciata sul Mar Adriatico, Martinsicuro è una località balneare caratterizzata da lunghe **spiagge sabbiose**. Il centro storico della cittadina sorge intorno alla Torre di Carlo V, imponente fortificazione costruita nel Cinquecento per proteggere la costa dalle incursioni dei Turchi e dei pirati del Nord Africa.

Territorio

SUPERFICIE: 10.763 km^2

Monti:
Gran Sasso d'Italia (2912 m),
La Maiella (2793 m),
Monte Velino (2486 m),
Monti della Laga (2458 m),
Monte Sirente (2349 m),
Monti della Meta (2247 m).

Fiumi:
Liri-Garigliano (158 km),
Aterno-Pescara (145 km),
Sangro (117 km),
Tronto (115 km),
Trigno (84 km),
Vomano (75 km).

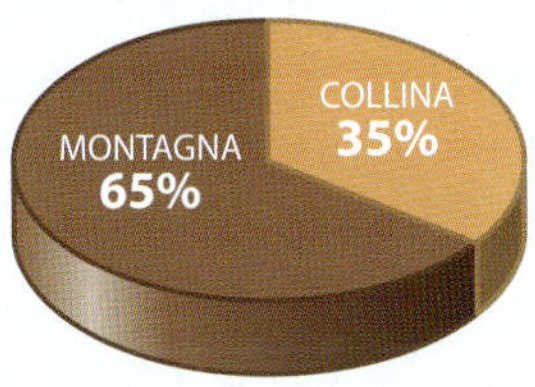

Laghi:
Campotosto.

GUIDA ALLO STUDIO FISSO I CONCETTI

1 Come si presenta il territorio dell'Abruzzo?
2 Che cos'è e dove si trova il Calderone?
3 Quali parchi nazionali si trovano nella regione?

Il territorio e il clima

L'Abruzzo è una regione prevalentemente montuosa, ma procedendo verso il mare i rilievi lasciano il posto alle colline che digradano sino alla costa. Confina a nord con le Marche, a ovest con il Lazio e a sud con il Molise; a est si affaccia sul Mar Adriatico.

Nella parte occidentale della regione dominano i **sistemi montuosi**, che comprendono le vette più elevate della dorsale appenninica: il Gran Sasso d'Italia, con il Calderone, l'unico ghiacciaio appenninico, la Maiella, il Monte Velino e i Monti della Meta. Tra i versanti delle montagne si aprono aree pianeggianti, come la vasta e fertile Piana del Fucino, che ha avuto origine dal prosciugamento artificiale di un antico lago glaciale, e la Piana di Sulmona.

Procedendo verso est, i rilievi montuosi digradano nella **zona collinare**, dall'aspetto ora arido e brullo, con terreni argillosi soggetti a frane, ora verde e coltivato.

La **costa** è formata da una lunga e sottile striscia pianeggiante, originata dai depositi alluvionali dei fiumi Tronto, Vomano, Pescara, Sangro e Trigno, brevi e a regime torrentizio. Il litorale è caratterizzato da ampie spiagge di sabbia e solo nella parte meridionale si presenta più alto e frastagliato.

Il clima è di tipo **mediterraneo** lungo le coste e **continentale** nell'entroterra, dove non giunge l'influenza mitigatrice del mare. Sui rilievi, invece, è **appenninico**, con inverni lunghi e freddi e precipitazioni abbondanti.

GEO PATRIMONIO

GEO VERDE

Nell'alta Val di Sangro si estende il **Parco Nazionale d'Abruzzo, Lazio e Molise**, uno dei più antichi e importanti d'Italia. Tutela una vasta area, prevalentemente montuosa, di circa 400 km^2, coperta da splendide foreste di faggi, querce e conifere. La bellezza del paesaggio e la ricchezza della flora e della fauna ne fanno un'oasi incontaminata nella quale è ancora possibile trovare specie animali e vegetali caratteristiche degli Appennini. Le principali attrattive del parco sono l'orso bruno marsicano e il lupo, insieme a camosci, cervi, caprioli, gatti selvatici, aquile. I principali punti di informazione e di accoglienza per i visitatori hanno sede a Pescasseroli, da dove partono numerosi sentieri che si inoltrano nell'area protetta.

Un orso bruno marsicano.

▼ Il Calderone, l'unico ghiacciaio appenninico.

Il Castello.

Lavori di restauro nel centro storico dopo il terremoto del 2009.

L'Aquila

L'Aquila fu edificata nella seconda metà del XIII secolo per volere dell'imperatore **Federico II di Svevia**, su di un nucleo originario ben più antico; sorge a 700 metri di altezza, ai piedi di un'alta cerchia di montagne.

Nel 1703 un terribile terremoto distrusse una parte della città, che fu poi ricostruita in stile barocco. Il centro storico, a forma di scacchiera e con notevoli dislivelli (sono pochi i vicoli in piano), è molto caratteristico perché coniuga il fascino della storia con quello della natura: tra le numerose case decorate con antichi stemmi e portali, si aprono bei panorami sui monti circostanti.

La città conserva molti edifici storici, tra cui le mura e le porte del XIV secolo, un'università che risale al 1458 e il Castello, che ospita il Museo Nazionale d'Abruzzo, circondato da un ampio parco da cui si gode una bella vista sul Gran Sasso.

Il 6 aprile 2009 un nuovo, devastante terremoto ha colpito l'Abruzzo e la città dell'Aquila causando molti danni e circa 300 vittime. Gli edifici del centro storico, gravemente danneggiati, sono stati evacuati e i lavori per il loro restauro proseguono lentamente con l'intento di riportare la città al suo splendore originario.

GEO FOLK

La Rappresentazione degli Antichi Mestieri

A fine aprile, nel comune di Opi, un antico borgo del Parco Nazionale d'Abruzzo, ha luogo la Rappresentazione degli Antichi Mestieri. In quest'occasione le stradine del borgo sono disseminate di persone che indossano gli **antichi abiti da lavoro**, e in parte ripetono le attività di un tempo.

La rappresentazione si conclude in tarda serata con una sagra dei sapori del borgo e la musica suonata dagli artisti di strada.

Città e province

Lo stemma è suddiviso in tre fasce trasversali: una bianca, che evoca le vette innevate della regione, una verde, che rappresenta i boschi e le colline, e una azzurra che simboleggia il mare.

Capoluogo: L'Aquila.
Altre province: Chieti, Pescara, Teramo.
Popolazione: 1.326.513 ab.
Densità: 123 ab./km²

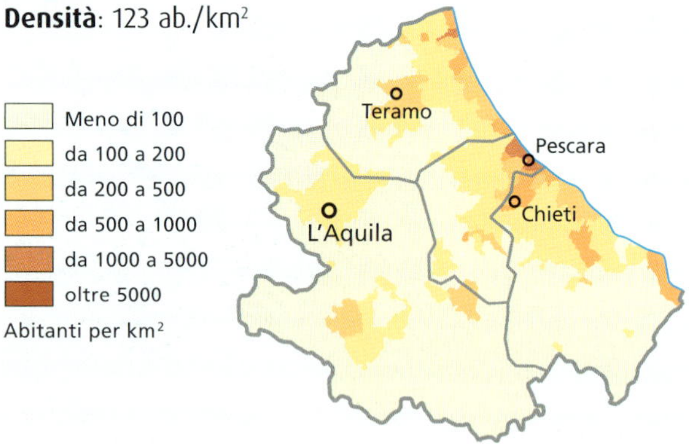

GUIDA ALLO STUDIO FISSO I CONCETTI

1 La densità di popolazione dell'Abruzzo è alta o bassa? Perché?
2 Dove si concentrano gli abitanti?

▲ Il borgo di Scanno.

La popolazione e le città

L'Abruzzo è una regione a **bassa densità** abitativa, a causa della conformazione del territorio. Gli abitanti sono distribuiti in modo irregolare: si addensano lungo la fascia costiera, nelle conche pianeggianti e nelle zone collinari più basse, soprattutto nell'area compresa tra Pescara e Chieti, mentre le aree montuose più elevate sono pressoché disabitate.

L'economia

L'Abruzzo è oggi una delle regioni economicamente più sviluppate dell'Italia Centro-Meridionale grazie al miglioramento delle vie di comunicazione, alla disponibilità di energia idroelettrica e ai giacimenti di metano scoperti recentemente nella zona di Vasto.

GEO PATRIMONIO

Tra i monumenti più antichi e interessanti dell'**Aquila** risalgono al XIII secolo la Chiesa di Santa Maria di Collemaggio e la Fontana delle 99 Cannelle. Quest'ultima, secondo una leggenda, ricorda 99 antichi signori feudali che, unendo i loro territori, diedero origine alla città. A metà strada tra Pescara e Teramo sorge la cittadina di **Atri**, che ospita un'imponente cattedrale del XIII secolo, in stile romanico-gotico; la cripta è decorata con affreschi del XV secolo. A **Ortona** puoi ammirare il Castello Aragonese, che risale al XV secolo e sorge su un promontorio roccioso a picco sul mare. Se ti trovi nei pressi di **Chieti** ti consigliamo di visitare il Museo Archeologico Nazionale d'Abruzzo: potrai farti un'idea degli usi e costumi di alcuni dei più antichi popoli che hanno vissuto in Italia.

Il Castello Aragonese a Ortona.

▲ Una veduta di Pescara.

▶ Prodotti ottenuti dalla lavorazione dello zafferano.

Attività economiche

ADDETTI PER SETTORE

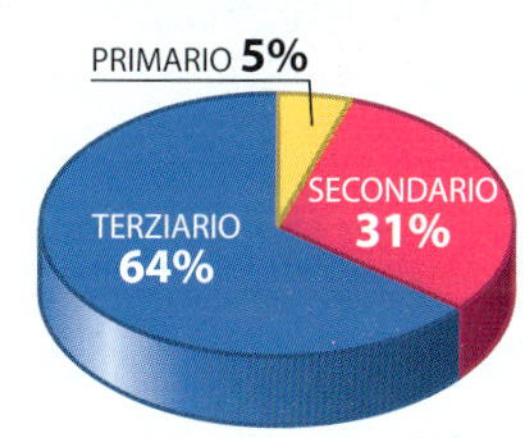

Popolazione attiva: 64,3%
Disoccupati: 12,7%

L'**agricoltura**, praticata soprattutto nella zona costiera e nelle conche del Fucino e di Sulmona, produce patate, cereali, ortaggi, barbabietola da zucchero. Tipiche sono le coltivazioni di zafferano e liquirizia. L'**allevamento** degli ovini, un tempo attività tradizionale della regione, è ancora diffuso, anche se non si pratica più la transumanza.
Molte piccole e medie **industrie** sono attive sia nei settori tradizionali (alimentare, pellami, tessuti, mobili) sia in quelli tecnologicamente più avanzati (meccanico ed elettronico).
Il **turismo** è in crescita nei centri balneari della costa, nelle zone montuose interne e nei parchi naturali. Il traforo del Gran Sasso collega Teramo all'Aquila e a Roma, e costituisce il più lungo tunnel stradale dell'Italia peninsulare. A Pescara si trovano il principale porto e il principale aeroporto dell'Abruzzo.

GUIDA ALLO STUDIO FISSO I CONCETTI

1. Da che cosa è stato favorito lo sviluppo economico dell'Abruzzo?
2. Quali sono i prodotti agricoli tipici della regione? Quali invece le coltivazioni tradizionali?
3. Quale settore economico è in crescita?

Le vie della transumanza

«Settembre, andiamo. È tempo di migrare. / Ora in terra d'Abruzzi i miei pastori / lascian gli stazzi e vanno verso il mare: / scendono all'Adriatico selvaggio / che verde è come i pascoli dei monti. [...] E vanno pel tratturo antico al piano, / quasi per un erbal fiume silente, / su le vestigia degli antichi padri».
I famosi versi del poeta Gabriele D'Annunzio, abruzzese di nascita, hanno per sempre fissato in un'immagine letteraria l'antica pratica della transumanza, parola che indica lo spostamento stagionale delle greggi.
La pastorizia è stata praticata fin dai tempi più antichi nell'Appennino Abruzzese e Molisano. Il clima rigido invernale di queste montagne spingeva i pastori ad andare a cercare altrove i pascoli adatti ad alimentare le loro greggi: così, sul finire dell'estate, si assisteva a una vera e propria migrazione guidata, che si svolgeva lungo percorsi ben definiti, i cosiddetti tratturi. Pastori e greggi scendevano dalle montagne dell'Appennino Centrale in direzione sud-est, verso l'altopiano del Tavoliere Pugliese, ricalcando il tracciato di antichissime vie romane e ancor prima sannitiche. Per venticinque secoli i pastori appenninici d'Abruzzo e Molise hanno visto scandire la loro vita da questa pratica tradizionale. L'economia della transumanza, regolamentata da antiche leggi, è andata in crisi soltanto nel XX secolo: i pascoli del Tavoliere sono stati messi a coltura, il prezzo della lana è crollato e le greggi si sono ridotte.

Autostrade verdi

Negli ultimi anni, tra Abruzzo e Molise, la rete dei tratturi è tornata a suscitare interesse soprattutto in funzione del loro recupero per uso turistico, legato al trekking o all'equitazione. Ci si sbaglia a immaginare un tratturo come un sentiero, una stretta mulattiera dove le greggi passavano incolonnate. In realtà si tratta di tracciati larghi oltre 60 metri, e che a volte raggiungono anche i 100 metri di ampiezza.
I tratturi che solcano gli Appennini dall'Abruzzo alla Puglia sono quattro. Il più lungo (244 chilometri) è il Regio tratturo L'Aquila-Foggia, che attraversa il Parco Nazionale del Gran Sasso; una variante di questo è il tratturo Centurelle-Montesecco. Gli altri due sono il tratturo Celano-Foggia (nella foto qui a fianco un cartello segnaletico lungo il percorso) e il Pescasseroli-Candela.

Un'economia in crisi
Pecore al pascolo sui prati di Campo Imperatore, in Abruzzo; sullo sfondo, il Corno Grande. Negli ultimi decenni il numero delle greggi che praticano la transumanza è diminuito. La pastorizia è un'attività faticosa e difficile, e sempre meno redditizia. I capi di bestiame sono diminuiti da qualche milione a poche decine di migliaia.

Sepino
Lungo il tratturo Pescasseroli-Candela si trovano le vestigia archeologiche della città romana di *Saepinum*, l'odierna Sepino, con il foro, la basilica, il teatro, le mura e una maestosa porta d'accesso. Parte dell'odierno tratturo corre lungo un tratto dell'antica via romana lastricata che attraversava la città.

ITINERARIO IN MOLISE

Questa piccola regione, ancora largamente incontaminata, racchiude nel suo territorio tutti i più spettacolari paesaggi italiani: dalle spiagge sabbiose alle dolci colline, fino agli imponenti massicci montuosi.

1 *Termoli*

Località balneare che si affaccia sul Mar Adriatico, Termoli è anche uno dei più importanti centri industriali del Molise, nonché l'unico porto commerciale della regione. È inoltre base di un'importante flotta di pescherecci. Dal porto partono infine battelli alla volta delle vicine Isole Tremiti, che fanno però parte, amministrativamente, della Puglia.

2 *Isernia*

Terza città del Molise dopo il capoluogo Campobasso e Termoli, **Isernia** è una cittadina dell'entroterra molisano posta su un tratto collinare e circondata dagli Appennini. Grazie alla mancanza di industrie e alla presenza di molte aree verdi, Isernia è una delle città italiane con la migliore qualità della vita dal punto di vista ambientale. La città è anche un importante centro turistico, perché è l'ideale base di partenza per raggiungere località montane come Capracotta o Campitello Matese.

3 *Campitello Matese*

Sul versante molisano del Massiccio del Matese, confine naturale tra il Molise e la Campania, Campitello Matese è una località molto frequentata per la pratica dello sci e di numerosi altri **sport invernali**. Frazione del comune di San Massimo, sorge nei pressi di un altopiano circondato dai monti, che in primavera, a causa dello scioglimento delle nevi, diventa un lago sulle cui rive si assiste a un'esplosione di fiori colorati.

Territorio

SUPERFICIE: 4438 km²

Monti:
Monte Miletto (2050 m),
Mutria (1823 m),
Mauro (1043 m).

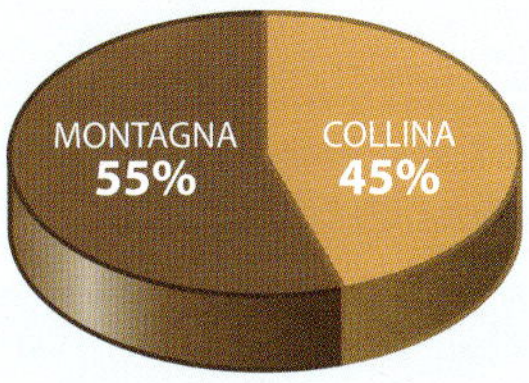

Fiumi:
Volturno (175 km),
Biferno (93 km),
Trigno (84 km).

GUIDA ALLO STUDIO FISSO I CONCETTI

1 Che aspetto ha il territorio molisano?
2 Individua sulla carta i principali gruppi montuosi.
3 Dove sfocia il Biferno?

▶ Un gatto selvatico.

GEO PATRIMONIO

GEO VERDE

Appartengono al Molise, oltre a una parte del **Parco Nazionale d'Abruzzo, Lazio e Molise**, anche le tre **Riserve Naturali di Collemeluccio, Montedimezzo e Pesche**; sono aree forestali popolate da volpi, scoiattoli, lepri, tassi, faine e gatti selvatici. Talvolta è possibile avvistare anche qualche esemplare di lupo. L'importanza di queste aree protette è legata soprattutto all'eccezionale integrità del territorio, dovuta anche alla ridotta presenza di attività e insediamenti umani: nei corsi d'acqua, per esempio, vivono ancora i gamberi di fiume, indice di una particolare purezza delle acque.

Fitti boschi ricoprono i monti del Parco Nazionale.

Il territorio e il clima

Il Molise è una delle più piccole regioni italiane, e il suo territorio è ancora straordinariamente incontaminato. Confina a nord con l'Abruzzo, a ovest con il Lazio, a sud con la Campania, a est con la Puglia, e si affaccia sul Mar Adriatico.

La parte più interna della regione è occupata dall'**Appennino Sannita**, formato da una serie di massicci isolati dove alcune cime superano i 2000 metri. Da nord a sud si incontrano i Monti della Meta, al confine con Abruzzo e Lazio, le Mainarde e i Monti del Matese, che segnano il confine con la Campania. Appartiene ai Monti del Matese la cima più alta della regione, il Monte Miletto (2050 metri). Le pendici sono in genere brulle a causa del terreno franoso e del massiccio disboscamento praticato per ricavare pascoli e zone coltivabili; sono formate da rocce calcaree in cui l'acqua piovana si infiltra, creando grotte e cavità.

Ai rilievi si affianca un'ampia **fascia di colline** che digradano verso il mare e sono attraversate da fiumi che scorrono in valli parallele. Si tratta di corsi d'acqua a carattere torrentizio che si gettano nell'Adriatico. La regione è attraversata per un breve tratto dal Tammaro e dal Volturno, fiumi che sfociano nel Tirreno.

La zona pianeggiante è ridotta a una sottile fascia costiera. Le **coste** si sviluppano per quasi 40 chilometri e sono prevalentemente basse, sabbiose e lineari, con l'unica eccezione del promontorio roccioso di Termoli. Nei pressi della foce dei fiumi Biferno e Trigno, questa sottile area pianeggiante si estende verso l'entroterra, ma senza formare vere e proprie pianure.

Lungo la costa il clima è **mediterraneo**, con estati lunghe e inverni brevi. All'interno invece alle calde estati si alternano inverni freddi caratterizzati da abbondanti nevicate.

▼ Le colline molisane.

GEO FOLK

Il paese delle zampogne

L'arte di fabbricare e suonare la **zampogna** è particolarmente diffusa e radicata in Molise e Abruzzo, due regioni dalla fortissima **tradizione pastorale**. I pastori infatti la suonavano durante le lunghe marce della transumanza e, soprattutto, in occasione delle festività. La zampogna, simile alla cornamusa scozzese, è composta da un otre (un sacco fatto di pelle di capra o pecora) dove si accumula l'aria che, passando per le canne, produce suoni a nota fissa (bordoni) o variabile (canne melodiche). Uno dei pochi luoghi in cui si fabbricano ancora le tradizionali zampogne è il paesino di **Scapoli**, vicino a Isernia. Qui abili artigiani realizzano zampogne e ciaramelle (strumento simile alla zampogna ma senza sacca e con una sola canna) con gli stessi materiali e le stesse tecniche in uso da secoli nella regione. A Scapoli c'è anche un Museo della Zampogna, e ogni estate in paese si tiene il **Festival Internazionale della Zampogna**, con concerti di artisti provenienti da varie parti d'Italia ed Europa.

Città e province

Lo stemma è uno scudo rosso attraversato da una banda diagonale d'argento e con una stella, anch'essa d'argento, in alto a sinistra.

Capoluogo: Campobasso.
Altre province: Isernia.
Popolazione: 312.027 ab.
Densità: 70 ab./km^2

- Meno di 100
- da 100 a 200
- da 200 a 500
- da 500 a 1000
- da 1000 a 5000
- oltre 5000

Abitanti per km^2

GUIDA ALLO STUDIO **FISSO I CONCETTI**

1. La densità di popolazione del Molise è alta o bassa?
2. Perché la regione ha pochi abitanti?
3. Dove si concentra la popolazione?

Campobasso

Campobasso è costituita da una **parte moderna**, che sorge su un altopiano, e da una **parte antica** posizionata alle pendici di un colle. Antico insediamento dei Sanniti, divenne un importante centro amministrativo e commerciale prima sotto il dominio dei Longobardi, poi sotto quello dei Normanni. La parte antica della città è percorsa da strade strette a scalini e sovrastata dal Castello Monforte, che risale al XVI secolo. Molte delle case più antiche presentano splendidi portali scolpiti con le effigi di antiche famiglie nobiliari. Nel 1963 Campobasso divenne capoluogo di regione; le nuove opportunità lavorative che ne derivarono, specie nel settore amministrativo ma non solo, portarono a un notevole sviluppo demografico e urbanistico.

Il Castello Monforte.

▲ Campobasso, il capoluogo della regione.

La popolazione e le città

Il Molise è una regione con una **densità** di popolazione **molto bassa**: ciò è dovuto sia al suo territorio impervio sia alla massiccia emigrazione che dopo la Seconda Guerra Mondiale ha spopolato la parte più interna e più arretrata economicamente. Gli insediamenti sono pochi e di dimensioni generalmente ridotte; gli stessi capoluoghi di provincia contano poche decine di migliaia di abitanti, e lungo la costa sorge una sola città, quella di Termoli.

L'economia

La maggior parte della popolazione si dedica alle **attività agricole**, che tuttavia non sono molto redditizie a causa della

◀ Le campane di Agnone sono famose in tutto il mondo.

▶ Lo stabilimento della FIAT a Termoli.

▲ Impianti sciistici a Campitello Matese.

conformazione aspra del territorio, della scarsità d'acqua e delle piccole dimensioni dei poderi, gestiti da aziende a conduzione familiare. I terreni più adatti all'agricoltura sono quelli delle vallate e della pianura, dove si coltivano soprattutto frumento, mais, ortaggi, vite e olivi. Recentemente nella fascia costiera sono state introdotte colture specializzate di piante industriali: girasole, barbabietola da zucchero e tabacco.

La **pastorizia** è meno diffusa di un tempo, quando si praticava la transumanza: ogni estate le greggi venivano condotte, lungo i **tratturi** (le antiche mete seguite dai pastori), fino ai più fertili pascoli della Puglia; quei pascoli sono ormai stati trasformati in terreni agricoli e la transumanza è stata abbandonata.

Lungo il tratto costiero, non molto sfruttato per la pesca, si concentrano le **attività industriali**; rivestono una particolare importanza gli stabilimenti meccanici della FIAT, a Termoli. Per il resto lo sviluppo industriale è limitato, anche per la mancanza di grandi vie di comunicazione. Le principali produzioni si hanno nei settori alimentare, tessile e del mobile. Ha invece un ruolo notevole l'artigianato artistico, con la produzione di merletti, oggetti in legno intagliato e soprattutto delle campane di Agnone.

Il **turismo** è in crescita, sia quello invernale, grazie alla presenza di stazioni sciistiche sui rilievi appenninici, sia quello balneare nelle località costiere.

GEO PATRIMONIO

A **Pietrabbondante**, un paese di montagna nei pressi di Isernia, si trovano i resti di un'antichissima città sannitica, colonizzata dai Romani nell'89 d.C. I ritrovamenti archeologici comprendono un teatro scavato nel pendio della montagna, con gradinate in pietra.
Merita una visita anche l'**Abbazia di San Vincenzo al Volturno**, ai piedi dei Monti delle Mainarde, che risale al secolo VIII, e la vicina **Cripta di San Lorenzo**, che ha una pianta a forma di croce ed è completamente rivestita da antichi affreschi di scuola benedettina.
A **Termoli** sorgono un bellissimo Duomo del XII secolo, in stile romanico, e l'imponente Castello di Federico II.

Il Castello di Federico II a Termoli.

Attività economiche

ADDETTI PER SETTORE

Popolazione attiva: 64,7%
Disoccupati: 12,9%

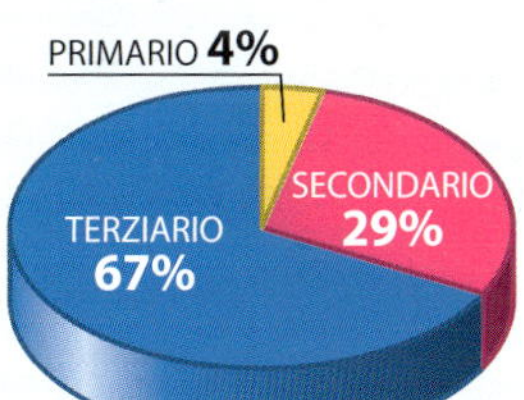

GUIDA ALLO STUDIO FISSO I CONCETTI

1 Quali fattori ostacolano lo sviluppo dell'agricoltura?
2 Che cos'è la transumanza?
3 Dove è diffuso il turismo?

ITINERARIO IN...
CAMPANIA

La regione più popolosa dell'Italia Meridionale vanta grandi risorse: splendide coste e isole, il suggestivo vulcano Vesuvio e siti archeologici unici al mondo.

1 *Caserta*

Sorta nella fertile pianura attraversata dal fiume Volturno, Caserta è una città relativamente recente se paragonata ad altri centri italiani: fu fondata infatti nel Settecento dai **Borboni**, la dinastia reale che all'epoca governava il **Regno di Napoli**. Essi decisero di costruire in questa zona un grande palazzo che potesse rivaleggiare per dimensioni e lusso con le grandi regge dei più potenti sovrani europei. La città è quindi cresciuta intorno alla **Reggia Borbonica**, un gigantesco edificio con 1200 stanze e 1790 finestre, attorniato da un magnifico giardino ricco di fontane, boschi e laghetti artificiali che si estende per 3 chilometri.

▶ Il Vesuvio.

Un tratto del litorale del Cilento.

GEOPATRIMONIO

GEO VERDE

Un astore.

Il **Parco Nazionale del Cilento e Vallo di Diano** tutela un territorio poco abitato e affascinante. L'entroterra è montuoso e boscoso, e i piccoli centri abitati sorgono prevalentemente sul luogo di antichi monasteri benedettini o castelli. La vegetazione è costituita prevalentemente da faggi, lecci, olivi e fichi, e offre riparo a numerosi animali, dai piccoli predatori, come la volpe, agli uccelli rapaci, come l'astore. Lungo il litorale si susseguono baie, spiagge, porticcioli e torri d'avvistamento; al verde dei boschi e all'azzurro del mare si mescolano i colori degli agrumeti. L'area protetta si estende per 215.000 ettari e comprende quasi tutta la parte meridionale della provincia di Salerno.
Il **Parco Nazionale del Vesuvio** tutela l'omonimo vulcano, dalle pendici alla cima. Se hai l'occasione di farlo, ti consigliamo di salire fino al cratere principale: potrai ammirare da un lato la sua enorme bocca, larga 600 metri e profonda 200, e dall'altro un panorama vastissimo, che comprende il Golfo di Napoli, la Penisola Sorrentina e l'Isola di Capri.

2 *Campi Flegrei*

Pochi chilometri a nord-ovest di Napoli si estende l'area dei Campi Flegrei (letteralmente "campi che bruciano", dal greco *flego* = brucio), una **zona vulcanica** dove potenti forze sotterranee si manifestano sulla superficie sotto forma di fumarole (crepe nel terreno da cui fuoriescono gas caldissimi e a volte velenosi per l'uomo), sorgenti calde e periodici innalzamenti e abbassamenti del suolo (un fenomeno chiamato "bradisismo"). Questi eventi spettacolari hanno fatto credere agli antichi abitanti della regione che in questa area si trovasse addirittura la porta dell'inferno!

3 *Pomigliano d'Arco*

Popoloso centro a una ventina di chilometri da Napoli, Pomigliano d'Arco è il cuore del grande polo industriale campano, e sul suo territorio sono presenti fin dagli anni '40 del Novecento importanti stabilimenti manifatturieri, attivi soprattutto nei settori automobilistico e aeronautico. Si estende su una pianura fertile e deve il suo primo nome alla famiglia gentilizia dei Pompilii, mentre la specificazione "d'Arco" deriva da un antico acquedotto ad archi che conduceva l'acqua dal Monte Serino fino a Napoli.

4 *La Costiera Amalfitana*

È un incantevole tratto di costa che prende il nome da **Amalfi**, antica città che nel Medioevo fu una delle potenti repubbliche marinare. Con splendide bellezze naturali, come gli impressionanti faraglioni (caratteristici scogli che emergono a poca distanza dalla costa), la vegetazione tipicamente mediterranea così ricca di colori e profumi e i deliziosi borghi addossati alle pareti rocciose vicino alla costa, per esempio Positano, la Costiera Amalfitana è uno dei paesaggi più famosi del mondo, e nel 1997 è stata dichiarata **Patrimonio Mondiale dell'Umanità** dall'UNESCO.

Il territorio

Il territorio della regione si estende tra l'Appennino Campano e il Mar Tirreno e alterna brevi pianure a rilievi collinari e montuosi. La vegetazione è ricchissima e varia. La Campania confina a nord con il Lazio e il Molise, a est con la Puglia e a sud-est con la Basilicata; a ovest è bagnata dal Mar Tirreno.

L'**Appennino Campano** occupa circa un terzo del territorio e si suddivide in numerosi gruppi montuosi. Dalla dorsale appenninica si distacca poi la catena montuosa dei Monti Lattari, che formano la Penisola Sorrentina. Tra i rilievi ha un'importanza fondamentale nella morfologia del territorio il **Vesuvio**, il secondo vulcano italiano per altezza (dopo l'Etna), che raggiunge i 1281 metri. L'ultima eruzione risale al 1944, perciò il vulcano è considerato quiescente, cioè "in riposo", e viene tenuto costantemente sotto controllo.

Nei **Campi Flegrei** si verificano fenomeni di vulcanesimo secondario, come le fumarole. Più della metà del territorio campano è occupato dalle **colline**, che in alcuni casi sorgono ai margini delle pianure, mentre in altri casi si alternano ai rilievi montuosi, oppure li separano dalla costa.

La principale delle **aree pianeggianti** è la Pianura Campana, attraversata dal fiume Volturno; molto fertile per la presenza di terreno vulcanico, si estende tra Napoli e Caserta e prosegue fino al mare; il tratto costiero è stato in gran parte bonificato.

A sud di Salerno si trova la Pianura del Sele, originata dai depositi alluvionali dell'omonimo fiume e dei suoi affluenti. Un'altra area pianeggiante, assai meno estesa, caratterizza il basso corso del fiume Garigliano, al confine con il Lazio.

Le **coste** campane sono molto varie: dal confine laziale sino al Golfo di Napoli sono basse e lineari, con l'eccezione della

Territorio

SUPERFICIE: 13.590 km²

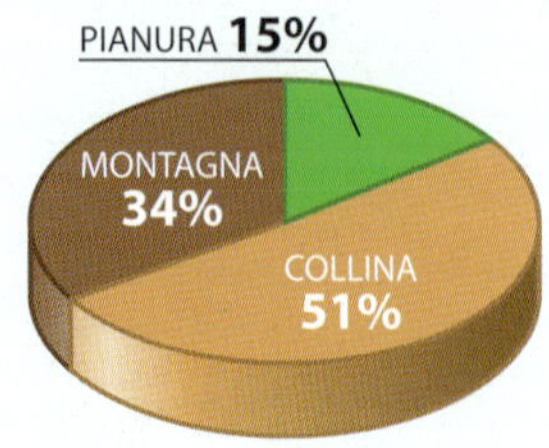

Monti:
Monti del Matese (2050 m),
Cervati (1899 m),
Cervialto (1809 m),
Alburno (1742 m),
Monti d'Avella (1598 m),
Vesuvio (1281 m),
Monte Maggiore (1037 m).

Fiumi:
Volturno (175 km),
Liri-Garigliano (158 km),
Ofanto (134 km),
Sele (64 km).

Laghi:
del Matese,
di Gallo,
di Patria,
del Fusaro.

Isole:
Ischia,
Capri,
Procida.

GUIDA ALLO STUDIO FISSO I CONCETTI

1. Quali sono e dove si trovano i monti più elevati?
2. Quali sono i fiumi principali? Dove sfociano?
3. Individua sulla carta i golfi e le isole principali.

▼ La Pianura Campana.

Napoli

Castel Nuovo.

Fondata dai Greci con il nome di Partenope, da loro stessi ricostruita in posizione più favorevole e denominata *Neapolis* (città nuova), l'odierna città di Napoli si estende tra la parte settentrionale dell'omonimo golfo, le pendici del Vesuvio e le colline dell'entroterra. Anticamente capitale di diversi regni (tra cui il Regno di Napoli, che comprendeva anche la Sicilia), vanta un gran numero di splendidi monumenti. Tra questi meritano un cenno particolare il **Castel Nuovo** (o **Maschio Angioino**), **San Lorenzo Maggiore** e il **Duomo**. Favorita da un clima mite, Napoli è dotata di moderne infrastrutture, come per esempio la metropolitana.

▼ Le isole del Golfo di Napoli: Procida, Capri e Ischia.

penisola rocciosa di Pozzuoli, mentre in corrispondenza della Penisola Sorrentina diventano alte e frastagliate. Lungo la Piana del Sele il litorale è di nuovo basso e lineare, mentre più a sud torna a presentarsi roccioso e irregolare.
Di fronte alla Penisola di Pozzuoli sorgono le **isole** vulcaniche di Ischia e Procida; al largo della Penisola di Sorrento si trova l'Isola di Capri. Queste tre isole formano l'Arcipelago Campano.

Il clima

Gran parte della Campania gode di un clima **mediterraneo**, con estati lunghe mitigate dalla brezza marina e inverni miti; un clima così favorevole è dovuto anche alla presenza dell'Appennino, che protegge la regione dai venti freddi provenienti da est. Le aree montuose dell'interno sono caratterizzate invece da inverni lunghi, rigidi e nevosi.

La popolazione e le città

La Campania è la terza regione italiana per numero di abitanti (dopo la Lombardia e il Lazio) e quella con la più **alta densità** di popolazione. Gli abitanti si concentrano lungo la fascia costiera del Golfo di Napoli, resa fertile dall'abbondanza dei corsi d'acqua, e nell'immediato entroterra, dove i centri urbani sono numerosi, ravvicinati e di dimensioni notevoli. Le zone montuose interne, aspre e impervie, sono invece quelle meno popolate e più povere.

Città e province

Lo stemma della Campania, costituito da una banda rossa su fondo bianco, riprende quello della Repubblica marinara di Amalfi.

Capoluogo: Napoli.
Altre province: Avellino, Benevento, Caserta, Salerno.
Popolazione: 5.850.850 ab.
Densità: 430 ab./km²

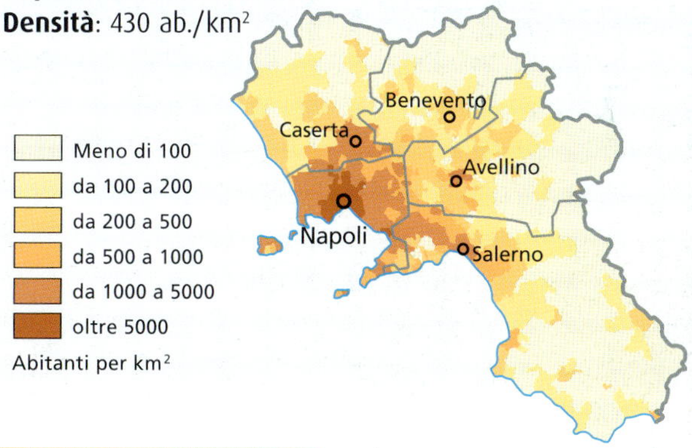

GUIDA ALLO STUDIO FISSO I CONCETTI

1. Quali sono le aree più densamente popolate? Perché gli abitanti si concentrano in quelle zone?
2. Quali problemi sono originati dal sovraffollamento di Napoli e del suo entroterra?

GEO FOLK

Il presepe

Nell'Italia Meridionale, e soprattutto in Campania, è ancora molto viva la **tradizione del presepe**, che viene preparato con grande cura e passione, in particolare dai napoletani. Le statuine del presepe napoletano, realizzate in terracotta e dipinte a mano, sono vere e proprie opere d'arte, come quelle preziosissime realizzate nel Settecento per re Carlo III di Borbone e conservate nella Reggia di Caserta. A **Napoli** le botteghe degli artigiani del presepe si concentrano in **Via San Gregorio Armeno**, e in occasione delle festività natalizie espongono migliaia di statuine di ogni dimensione, da quelle classiche, come i pastori, a quelle più bizzarre, che raffigurano personaggi contemporanei della politica o dello spettacolo.

▲ Allevamento di bufale e pesca: due settori tradizionali dell'economia campana.

Attività economiche

ADDETTI PER SETTORE

Popolazione attiva: 66,9%
Disoccupati: 20,2%

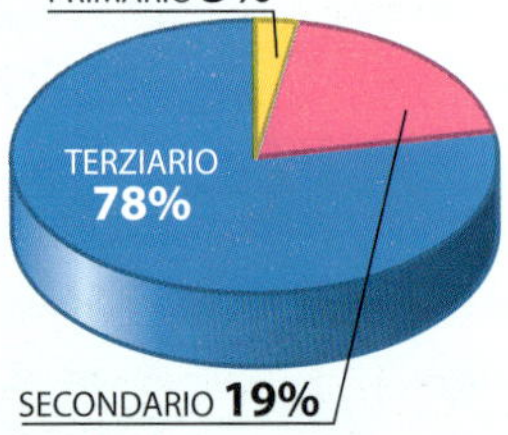

GUIDA ALLO STUDIO FISSO I CONCETTI

1 Quali sono le industrie più strettamente legate alle produzioni agricole? E all'allevamento?
2 Quali sono i settori industriali più importanti?
3 Dove si è sviluppato maggiormente il turismo?

L'economia

L'**agricoltura** della regione è una delle più produttive d'Italia, favorita dal clima mite e dai terreni resi fertili dalle ceneri vulcaniche; si producono pomodori, peperoni, melanzane, legumi, frumento, frutta, in particolare agrumi e nocciole. Le coltivazioni sono specializzate e intensive, e la produzione agricola rifornisce direttamente l'**industria alimentare** del luogo. Sui rilievi collinari rivestono particolare importanza la coltivazione della vite e la produzione vinicola. Molto diffuso è l'**allevamento** dei bovini, specialmente delle bufale, allevate in gran numero nelle pianure del Volturno e del Sele e nel Cilento. Il loro latte permette un'abbondante produzione di mozzarella, assai pregiata ed esportata in tutto il mondo. È praticata inoltre la **pesca**, in misura meno rilevante però che nel passato; si pescano sogliole, sgombri, merluzzi, crostacei e frutti di mare. Dal mare si prelevano anche i coralli, la cui lavorazione è un'attività artigianale tipica della regione.

La Campania è anche la regione più **industrializzata** dell'Italia Meridionale. Le aree più produttive sono quelle di Napoli e

▲ Ceramiche di Positano.

▶ Un pastificio. La pasta è uno dei prodotti tipici dell'industria alimentare campana.

Salerno, ma negli ultimi anni sono sorte nuove imprese anche nelle altre province. I settori più sviluppati sono quello alimentare, meccanico, tessile, chimico, elettronico. Importanti sono anche i cantieri navali, i cementifici, le industrie per la lavorazione della ceramica, della pelle e i calzaturifici.

L'importanza naturalistica, storica e artistica del territorio ha favorito lo sviluppo del **turismo**: quello balneare è particolarmente fiorente lungo la Costiera Amalfitana e nell'Arcipelago Campano; quello culturale nei siti archeologici di Pompei, Ercolano e Paestum.

Le **vie di comunicazione** si concentrano intorno alla città di Napoli, mentre altrove sono piuttosto carenti. Il traffico marittimo è notevole per la presenza di numerosi porti. Il principale scalo aeroportuale è quello di Napoli Capodichino.

GEO PATRIMONIO

Il 24 agosto del 79 d.C. una terribile eruzione del Vesuvio seppellì **Pompei** ed **Ercolano** sotto una coltre di cenere, lava e lapilli. Il successivo ritrovamento (gli scavi cominciarono nel 1860) ha portato alla luce città quasi intatte, che mostrano ancora oggi ai visitatori strade, piazze, edifici pubblici e abitazioni private, come se il tempo si fosse fermato. Si possono osservare le terme, i templi, le statue, gli affreschi e i mosaici, le antiche osterie con le anfore che contenevano i vini, le botteghe dei fabbri, il mercato, che conserva ancora una testimonianza dei pesi e delle misure dell'epoca.

A **Paestum** si possono ammirare invece i maestosi resti di antichi templi greci in stile dorico; i più belli sono quelli di Hera e Nettuno. Merita una visita anche il Museo Archeologico, che custodisce numerosi reperti rinvenuti durante gli scavi: tra i ritrovamenti più significativi, numerose metope che raffigurano, tra l'altro, le sette fatiche di Ercole ed episodi della guerra di Troia.

In alto: Pompei, particolare di un affresco ben conservato.

A sinistra: Ercolano.

In basso: il Tempio di Nettuno a Paestum.

ITINERARIO IN...

PUGLIA

Protesa nelle acque del Mediterraneo, la Puglia, regione dagli splendidi paesaggi e dalle antiche tradizioni, è stata, nel corso dei secoli, una terra di migranti, in partenza e in arrivo, che hanno arricchito la sua storia e la sua cultura.

1 Alberobello

La parte centrale dell'entroterra pugliese è dominata dall'Altopiano delle **Murge**, regione dal paesaggio suggestivo, fatto di brulle colline punteggiate da olivi secolari e pascoli delimitati da caratteristici muretti a secco. Nella parte orientale delle Murge, nella Valle d'Itria, sorge la cittadina di Alberobello, famosa per le sue abitazioni tradizionali, i **trulli**. Si tratta di edifici a pianta rotonda con il tetto a forma di cono composto di pietre posate a secco, cioè appoggiate l'una sull'altra senza l'uso di malta o cemento. I più antichi trulli ancora esistenti risalgono al XVI secolo, ma si pensa che siano stati costruiti fin dall'Età del Bronzo. Molti di essi sono abitati ancora ai giorni nostri.

GEO PATRIMONIO

GEO VERDE

Lo "sperone" d'Italia, il Promontorio del Gargano, è in parte tutelato da uno dei più estesi parchi nazionali, istituito nel 1991. L'area protetta comprende la Foresta Umbra, caratterizzata da boschi di faggi, pini e aceri, e popolata da numerose specie di uccelli, tra cui il falco pellegrino, il gufo reale e lo sparviero; in un'area ristretta vivono anche daini e mufloni. Fanno parte del **Parco Nazionale del Gargano** anche i laghi di Lesina e di Varano, le paludi di Sfinale e di Frattarolo, poste in posizione strategica sulle rotte migratorie degli uccelli acquatici tra l'Africa e l'Europa Centro-Orientale, e le Isole Tremiti. L'**Arcipelago delle Tremiti**, riserva marina, comprende tre isole principali: l'Isola di San Nicola, lunga e stretta, dominata dall'antica Chiesa di Santa Maria; l'Isola di San Domino, ricca di grotte costiere e coperta da una folta pineta; l'Isola di Caprara, brulla e selvaggia, completamente disabitata.

Un muflone.

Uno scorcio del Parco Nazionale del Gargano.

2 Porto Cesareo

Affacciato sul versante ionico della Penisola Salentina, Porto Cesareo è una graziosa località di mare con lunghe spiagge sabbiose inframmezzate da scogli e isolotti e, poco più all'interno, una lunga fascia ricoperta dalla macchia mediterranea. La zona è **Area Marina Protetta**. Sulla costa si trovano anche tre torri costruite nel XVI secolo per difendere l'entroterra da eventuali sbarchi nemici. Oggi l'unica invasione che riguarda Porto Cesareo è quella dei turisti.

3 Manfredonia

Situata immediatamente a sud del Promontorio del Gargano, Manfredonia sorge sui resti dell'antica Siponto, frazione oggi inglobata nel tessuto urbano della città e distante un paio di chilometri dal centro storico. A testimonianza delle sue antiche origini sono arrivate fino a noi le **stele daunie**, lastre funebri risalenti all'VIII-VI secolo a.C. Tra i monumenti di Manfredonia meritano una visita il Castello, più volte ricostruito e trasformato nel corso dei secoli, e la Cattedrale di San Lorenzo, costruita nel Duecento, distrutta dagli Ottomani e riedificata nella seconda metà del Seicento.

4 Cerignola

Posta sulle pendici delle colline che delimitano la parte meridionale del Tavoliere Pugliese, Cerignola è uno dei più importanti centri agricoli della regione, che negli ultimi anni sta vivendo una forte espansione economica grazie al rinnovato interesse dei consumatori per i prodotti alimentari biologici. In città si producono vino, olio, prodotti da forno e pasta, esportati in tutta Italia. Per gli abitanti di Cerignola, l'**agricoltura** fu un'attività importantissima anche nei secoli passati, come testimonia la presenza, a poca distanza dal centro storico, di molte fosse granarie, depositi sotterranei di cereali costruiti nel Medioevo, alcuni dei quali utilizzati ancora oggi.

Il territorio

La Puglia ha un territorio prevalentemente pianeggiante. A sud-ovest confina con la Basilicata e la Campania, a nord con il Molise. Verso sud si estende tra il Mar Adriatico e il Mar Ionio e per questa sua posizione geografica costituisce, sin dai tempi più antichi, una sorta di ponte naturale tra Oriente e Occidente.
La Puglia è la regione meno montuosa d'Italia. Gli unici **rilievi** degni di nota sono i Monti della Daunia, verso il confine con la Campania. Sul Promontorio del Gargano sorge il Monte Calvo, che supera di poco i 1000 metri.
Le **colline** occupano quasi la metà del territorio e presentano aspetti molto vari: alcune di esse sono coltivate a grano, vite e olivo, altre invece sono piuttosto aride e hanno un aspetto aspro. Verso il confine con la Basilicata si estende l'Altopiano delle Murge, costituito da rocce calcaree.
La principale **pianura** pugliese è quella del Tavoliere, formatasi per il sollevamento di un antico fondale marino, successivamente coperto dai depositi alluvionali dei fiumi Fortore e Ofanto, i principali corsi d'acqua della regione, e da quelli dei loro affluenti. Più a sud si estende la Pianura Salentina, caratterizzata dalle serre, basse colline di roccia calcarea.
Il Promontorio del Gargano si protende nel Mar Adriatico con **coste** prevalentemente alte e rocciose; fa eccezione il litorale settentrionale, basso, lineare e caratterizzato dai laghi costieri di Lesina e Varano. A sud del Gargano le coste si presentano basse e lineari fino alla Penisola del Salento, dove diventano nuovamente frastagliate per la natura calcarea del suolo, soggetto all'erosione del mare e dei corsi d'acqua. Appartiene alla Puglia anche l'Arcipelago delle Tremiti, formato dalle isole di San Nicola, San Domino e di Caprara, oltre che da isolotti minori.

Territorio

SUPERFICIE: 19.358 km²

Monti:
Monti della Daunia (1151 m), Monte Calvo (1050 m).

Fiumi:
Ofanto (134 km),
Fortore (86 km),
Carapelle (85 km).

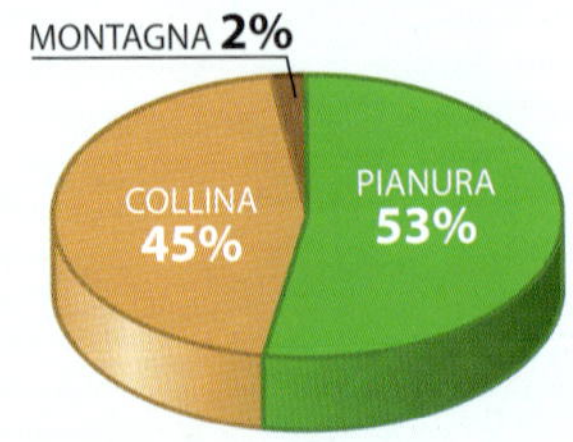

Laghi:
Lesina, Varano, Occhito.

Isole:
Tremiti, Cheradi.

GUIDA ALLO STUDIO **FISSO I CONCETTI**

1 Come si presenta principalmente il territorio pugliese?
2 Quali sono e dove si trovano le pianure più estese?
3 Quali sono i golfi e su quali mari si affacciano?

▼ Le falesie calcaree del Gargano.

Bari

Il capoluogo regionale è una delle città più popolose e dinamiche dell'Italia Meridionale. Conquistata dai Romani nel III secolo, fu a lungo una città di importanza secondaria (rispetto, per esempio, alla vicina Brindisi), finché i **Normanni** ne fecero un grande centro religioso di pellegrinaggi. Durante le Crociate, Bari divenne uno dei porti di partenza per la Terra Santa: questa posizione strategica segnò l'inizio delle sue fortune commerciali.
La parte più antica della città, racchiusa da possenti mura, si estende intorno al porto e ospita splendidi monumenti, tra cui la **Basilica di San Nicola**, del XII secolo, il **Castello Svevo** e la **Cattedrale**. Più a sud si trova la parte ottocentesca della città. Ancora più all'esterno si estendono i quartieri moderni, che hanno conosciuto, negli ultimi decenni, un forte sviluppo, talvolta caotico.

▲ Le isole di San Nicola e, sullo sfondo, di San Domino, nell'Arcipelago delle Tremiti.

Il clima

Il clima è **mediterraneo**, con estati lunghe, calde e secche e inverni miti. La vicinanza del mare favorisce la ventilazione, che mitiga talvolta il calore estivo. Le precipitazioni sono scarse, soprattutto in estate.

La popolazione e le città

La Puglia, in passato, è stata una terra di emigrazione; molti dei suoi abitanti infatti hanno lasciato la regione per trasferirsi all'estero, soprattutto in America, ma anche nelle regioni dell'Italia settentrionale. Ora i fenomeni migratori sono diminuiti e la regione è **densamente popolata**. La conformazione del territorio ha favorito lo sviluppo di grossi centri urbani e rurali, soprattutto lungo le **fasce costiere** e nell'immediato entroterra. L'area più densamente abitata è quella di Bari e del suo hinterland.

Città e province

Lo stemma è formato da uno scudo sannitico con al centro un olivo e sovrastato da una corona d'oro.

Capoluogo: Bari.
Altre province: Barletta-Andria-Trani, Brindisi, Foggia, Lecce, Taranto.
Popolazione: 4.077.166 ab.
Densità: 211 ab./km²

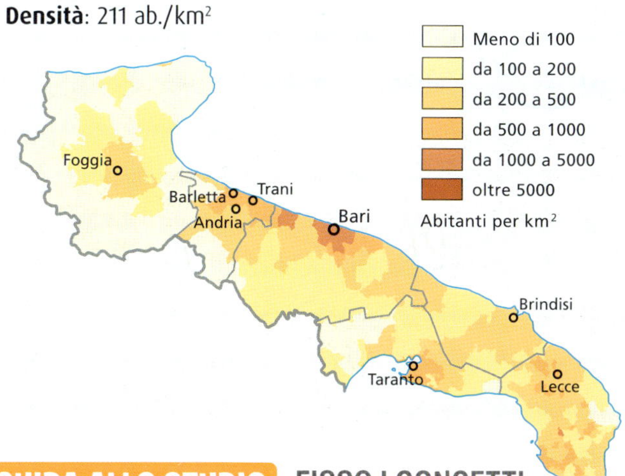

GUIDA ALLO STUDIO **FISSO I CONCETTI**

1. Quali sono le province della Puglia?
2. Come sono cambiati nel tempo i movimenti della popolazione?
3. Dove sorgono i principali centri abitati?

GEO FOLK

La cavalcata di Sant'Oronzo

A fine agosto a **Ostuni**, centro a ovest di Brindisi, ricorrono i festeggiamenti per il **santo protettore della città**, **Oronzo**, un vescovo e martire cristiano che si ritiene liberò il paese dalla peste del 1656. Si tratta di una festa antica e caratterizzata da funzioni religiose e civili. Particolarmente coreografiche sono la processione e la cavalcata: una sfilata di circa trenta cavalli di razza murgese, riccamente bardati e montati da cavalieri con divise ispirate al periodo napoleonico, che seguono la statua argentea del santo e sono accompagnati da musica e luminarie multicolori.

▲ Olivi secolari.

▲ Pale eoliche per la produzione di energia elettrica.

Attività economiche

ADDETTI PER SETTORE

Popolazione attiva: 65,3%
Disoccupati: 20,4%

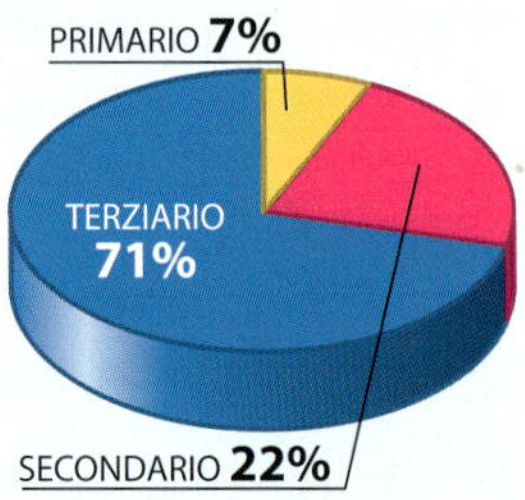

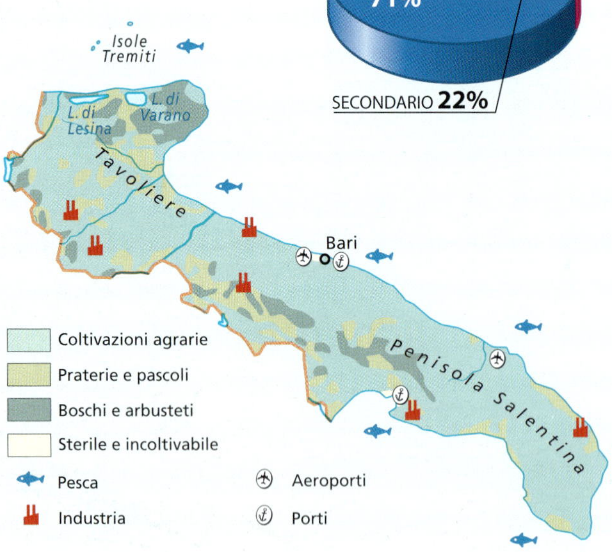

L'economia

La Puglia ha un'**agricoltura** molto sviluppata, nonostante sia povera d'acqua; il problema idrico è stato risolto con la realizzazione dell'imponente Acquedotto Pugliese, un grande sistema di approvvigionamento idrico i cui lavori di costruzione iniziarono nei primi anni del Novecento.

La regione è fra i primi produttori in Italia di uva e olive (notevole è la produzione di olio d'oliva), ortaggi (pomodori, carciofi, patate), legumi (fagioli, ceci e fave) e grano di qualità particolarmente pregiata. Anche la **pesca** rappresenta una risorsa importante, grazie al recente ammodernamento della flotta peschereccia; diffuso è l'allevamento di molluschi e crostacei (rinomate sono le cozze del Tarantino). È da ricordare, inoltre, l'estrazione del **sale marino**.

L'**industria**, da tempo affermata nel settore alimentare (oleifici, caseifici, pastifici), si è sviluppata anche in campo farmaceutico, chimico, elettronico e meccanico.

A Taranto si trova un grande complesso di acciaierie, uno dei maggiori in Europa, mentre a Brindisi è sviluppata l'industria

GUIDA ALLO STUDIO FISSO I CONCETTI

1 Quali sono le principali produzioni del settore primario?
2 In quali settori si è sviluppata maggiormente l'industria?
3 Che cos'è e dove si svolge la Fiera del Levante?

▲ Prodotti regionali tipici esposti nei padiglioni della Fiera del Levante, che si svolge a Bari dal 1930 e richiama ogni anno un gran numero di visitatori.

▲ Dalle saline pugliesi, le più grandi d'Europa, si ricavano milioni di quintali di sale marino ogni anno.

petrolchimica; recentemente questi poli industriali sono stati ridimensionati a seguito della crisi mondiale che ha colpito gran parte del settore siderurgico; alcuni stabilimenti sono inoltre in corso di ammodernamento e riconversione a causa delle controversie legate al loro impatto sull'ambiente e sulla salute della popolazione.

La Puglia produce anche **energia elettrica** grazie alle centrali presenti sul territorio, alcune delle quali, come le centrali eoliche, sfruttano fonti rinnovabili.

Il **turismo** è sviluppato lungo tutta la costa, in particolare nel Gargano, nel Salento, nelle Isole Tremiti e nelle molte località di interesse storico e artistico. Fiorente è l'**attività commerciale**, valorizzata dalla Fiera del Levante, che ha luogo ogni anno a Bari. La regione è dotata di **buone vie di comunicazione** stradali e ferroviarie e di porti importanti per le comunicazioni con il Mediterraneo orientale.

GEO PATRIMONIO

Nel **Museo Archeologico Nazionale di Taranto** sono custoditi i più importanti reperti risalenti alla preistoria e all'antichità: se sei interessato a conoscere la storia della Magna Grecia, ti consigliamo di visitarlo. Tra l'altro potrai ammirare una splendida statua bronzea di Zeus che risale al VI secolo a.C.

Due gioielli dello stile romanico pugliese sono la **Basilica di Bari**, dalla facciata in pietra calcarea, costruita nel 1197 in onore di San Nicola, e la **Cattedrale di Trani**, risalente al 1186 e particolarmente suggestiva anche per la sua posizione: si affaccia direttamente sul mare.

Alto e isolato su un colle delle Murge sorge **Castel del Monte**, realizzato tra il 1229 e il 1249 per volontà di Federico II. Ha una pianta ottagonale con otto torri, anch'esse ottagonali, e all'interno delle mura si apre un cortile che mantiene la medesima forma. Se ti è possibile, vai a visitare questo straordinario castello: potrai scoprire interessantissimi segreti...

Castel del Monte.

La Cattedrale di Trani, affacciata sul mare.

ITINERARIO IN BASILICATA

Questa regione piccola e poco abitata nasconde paesaggi incontaminati, da scoprire e riscoprire.

1 *Aliano*

Piccolo borgo nel cuore dell'entroterra lucano, arroccato su un colle argilloso e abitato da poco più di mille abitanti, Aliano diventò nel 1945 il simbolo dell'isolamento in cui versava la Basilicata. In quell'anno infatti lo scrittore **Carlo Levi** pubblicò il romanzo autobiografico *Cristo si è fermato a Eboli*, ambientato proprio ad Aliano. Nel Parco Letterario dedicato allo scrittore si tengono manifestazioni culturali.

2 *Maratea*

Unico comune della Basilicata ad affacciarsi sul Mar Tirreno, Maratea è una **località turistica** famosa e apprezzata per la sua splendida posizione a cavallo tra le verdi montagne dell'Appennino Lucano e le azzurre acque del mare. Di fronte alle sue coste si trova il piccolo e caratteristico **Isolotto di Santo Janni**, luogo di grande interesse naturalistico. Sull'isola vive infatti il cosiddetto drago di Santo Janni, una lucertola dal colore bruno-azzurro; tipica esclusivamente dell'isola, è stata dichiarata specie protetta.

3 *Metaponto*

Graziosa località balneare a sud-est di Matera, Metaponto fu nell'antichità una delle più importanti colonie greche dell'Italia Meridionale, la cosiddetta Magna Grecia. Qui, secondo la tradizione, nel 495 a.C. morì il grande filosofo e matematico **Pitagora**. I resti di questo glorioso passato si possono ammirare nell'area archeologica, dove si trovano le famose **Tavole Palatine**, rovine di un antico tempio dedicato alla dea Era, e il ricco **Museo Archeologico Nazionale**.

Territorio

SUPERFICIE: 9995 km^2

Monti:
Monte Pollino (2248 m),
Catena del Sirino (2005 m), Monte Volturino (1836 m),
Monte Vulture (1326 m).

Fiumi:
Basento (149 km),
Agri (136 km),
Bràdano (116 km),
Sinni (101 km).

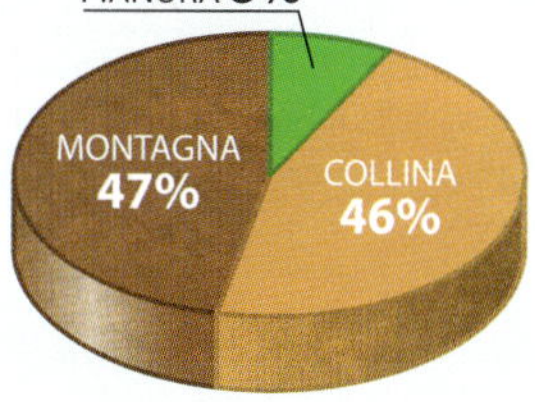

Laghi:
Lago di Pietra del Pertusillo,
Lago di San Giuliano,
Lago di Monte Cotugno,
Laghi di Monticchio.

Il territorio e il clima

Il territorio della Basilicata (storicamente chiamata anche Lucania) è prevalentemente montuoso e si affaccia su due mari, lo Ionio e il Tirreno. Confina a ovest con la Campania, a nord-est con la Puglia, a sud con la Calabria.

Montagne e colline occupano gran parte del territorio della regione. A ovest s'innalzano le montagne dell'**Appennino Lucano**; procedendo da nord a sud si incontrano il Monte Vùlture, antico vulcano spento i cui crateri sono oggi occupati dai piccoli Laghi di Monticchio, il Monte Volturino, il Sirino e il Pollino (2248 metri), al confine con la Calabria.

Nella parte orientale della regione si estendono le **colline**, che hanno un aspetto generalmente aspro. Sono formate da terreno argilloso, brullo e soggetto a frane, nel quale l'acqua piovana scava profondi solchi, i **calanchi**. Più di rado le colline sono coltivate, soprattutto verso la costa ionica e prevalentemente a grano; in questo caso assumono un aspetto più dolce.

La principale zona pianeggiante è costituita dalla **Piana di Metaponto**. Estesa lungo la costa ionica, è di origine alluvionale: è stata infatti formata dai depositi detritici dei fiumi Bràdano, Basento, Agri e Sinni, tutti a carattere torrentizio. In passato questa pianura era prevalentemente paludosa ma, nel corso del Novecento, è stata bonificata e resa fertile e abitabile.

Sul Mar Tirreno, lungo il Golfo di Policastro, si affaccia la **Piana di Maratea**, poco estesa perché le montagne si spingono fino al mare. Il **litorale ionico** si allunga in corrispondenza della Piana di Metaponto: è basso, lineare e sabbioso. La breve **costa tirrenica** è invece alta, frastagliata, ricca di baie e promontori rocciosi.

Lungo le coste e in pianura il clima è **mediterraneo**, ma può risultare afoso sul litorale ionico, quando soffia il caldo vento di scirocco. Sui rilievi montuosi il clima è **continentale**, con inverni rigidi nelle aree montuose più elevate.

GUIDA ALLO STUDIO FISSO I CONCETTI

1 Individua sulla carta le cime principali dell'Appennino Lucano. Qual è la più alta?
2 Individua la Piana di Metaponto ed evidenzia i fiumi che la attraversano.
3 Da quanti e quali mari è bagnata la Basilicata?

▶ Il pino loricato.

GEO PATRIMONIO

GEO VERDE

La Basilicata condivide con la Calabria il **Parco Nazionale del Pollino**, la più grande area protetta italiana. Il territorio del parco è molto vario e in gran parte incontaminato. Tra i boschi e le praterie vivono lupi, caprioli e cinghiali, mentre in cielo non è raro avvistare l'aquila reale, che può raggiungere i 2 metri di apertura alare. La ricca flora è composta, tra l'altro, dal pino loricato, una conifera molto antica, presente in Italia in pochissimi esemplari. Il pino loricato è il simbolo del parco e deve il suo nome alla lorica, la corazza dei legionari romani, fatta a placche come la corteccia dell'albero. La Basilicata conserva uno degli ambienti più integri anche nel **Parco Regionale di Gallipoli-Cognato e delle Piccole Dolomiti**, formato da un antichissimo gruppo montuoso, le Piccole Dolomiti, così chiamato perché le loro cime appuntite ricordano quelle delle Dolomiti alpine.

▼ Calanchi presso Pisticci.

GEO FOLK

La festa della Madonna della Bruna

Ogni anno, a Matera, il 2 luglio si svolge una festa antica, introdotta da papa Urbano VI negli ultimi decenni del XIV secolo. Si tratta della festa patronale della **Madonna della Bruna**, che si articola lungo tutto l'arco della giornata: dal mattino, quando ha luogo la processione dei pastori, fino alla sera, che vede una festosa esplosione di fuochi d'artificio. Il suo culmine è però al tramonto, quando la Madonna della Bruna viene portata in processione su un trono di cartapesta dipinta, collocato su un carro ornato con opere sul Vecchio o Nuovo Testamento e trainato da otto muli bardati. La folla si lancia all'assalto del carro per raccoglierne alcuni pezzi, che verranno poi esposti come trofei portafortuna nelle case o nelle botteghe.

Città e province

Lo stemma è formato da una fascia di quattro onde azzurre su sfondo argento.
Le onde simboleggiano i fiumi Basento, Agri, Bràdano e Sinni.

Capoluogo: Potenza.
Altre province: Matera.
Popolazione :573.694 ab.
Densità: 57 ab./km²

- Meno di 100
- da 100 a 200
- da 200 a 500
- da 500 a 1000
- da 1000 a 5000
- oltre 5000

Abitanti per km²

GUIDA ALLO STUDIO **FISSO I CONCETTI**

1. In quali zone della regione la densità è più elevata? Quali fattori ne favoriscono il popolamento?
2. Esistono delle minoranze etniche? In quali aree sono insediate?
3. Che cosa ha favorito la riduzione dell'emigrazione dalla Basilicata?

▲ La zona di Melfi è una delle più densamente popolate della regione.

▲ I cereali sono tra le colture più diffuse.

▶ Un'industria alimentare.

La popolazione e le città

La Basilicata è una regione **scarsamente popolata**, con la più bassa densità abitativa dopo la Valle d'Aosta. Le zone più fittamente abitate sono la Piana di Metaponto, il Golfo di Policastro e le aree interne di Melfi e Potenza, dove sono sviluppate le industrie, mentre la zona montuosa è soggetta a un forte spopolamento. Nella zona del Pollino va segnalata la presenza di una minoranza albanese, insediatasi già a partire dal XVI-XVII secolo. In passato c'è stata una **fortissima emigrazione** perché la regione non offriva sufficienti possibilità di lavoro.
Recentemente, dopo vari interventi che hanno migliorato le vie di comunicazione, bonificato le zone paludose, sviluppato i centri turistici lungo la costa e dato l'impulso all'insediamento di industrie, il flusso migratorio si è notevolmente ridotto.

L'economia

Anche se il terziario occupa la maggior parte degli addetti, ancora oggi l'**agricoltura** rappresenta un'importante risorsa economica della regione. Le coltivazioni più diffuse sono le barbabietole da zucchero, i cereali (frumento, granoturco, orzo e soprattutto avena), olivi e viti. Nella Piana di

Potenza

Potenza è il **capoluogo** di regione **più alto d'Italia**: sorge infatti su un'altura a oltre 800 metri, ai cui piedi scorre il Basento. Il nucleo preistorico era posto probabilmente più in alto, a 1000 metri d'altezza su un colle isolato, a circa 15 chilometri dalla città attuale. Furono i Romani a distruggere l'insediamento originario e a fondarne un altro, nel luogo in cui sorge la città odierna. In età romana Potenza si trovava al centro di importanti vie di comunicazione, che favorivano gli **scambi commerciali**, e ancora oggi le attività legate al commercio rappresentano una delle maggiori risorse della città. Con il notevole aumento demografico degli ultimi secoli, il centro urbano si è esteso sempre più a valle e oggi la città presenta due volti distinti: quello dell'**antico centro storico**, alto e appartato, e quello della **città nuova**, moderna e industrializzata, che si distende ai suoi piedi.

Piazza Pagano a Potenza.

GEO PATRIMONIO

Le Tavole Palatine di Metaponto.

Anticamente la regione fu abitata dai Lucani, una popolazione che proveniva dalla vicina Campania. Tra il VII e il VI secolo a.C. giunsero nel litorale ionico i coloni greci, fondatori di fiorenti città come Metaponto, Siri ed Eraclea. Nei pressi di **Metaponto** puoi ammirare i resti di un antico tempio dorico del VI secolo a.C.: sono le famose Tavole Palatine. Durante la dominazione bizantina, nell'Alto Medioevo, la Lucania prese il nome di Basilicata (dal greco *basylikos* = funzionario imperiale che amministra il territorio). Ai Normanni, che dominarono la regione dall'XI secolo e stabilirono la capitale a **Melfi**, si deve l'imponente Castello che domina la città. Nelle campagne che circondano **Venosa** merita una visita il complesso della SS. Trinità, che comprende due chiese e un'abbazia. Questi edifici sorgono sui resti di un'antica cattedrale paleocristiana (che risale, cioè, ai primi anni di diffusione del cristianesimo). Splendida è anche la Cattedrale di **Acerenza**, dell'XI secolo, ricostruita nel XIII in stile romanico-gotico. Naturalmente meritano una visita i **Sassi di Matera**, oggi il principale monumento storico della regione, che nel 1993 l'UNESCO ha riconosciuto come uno dei siti Patrimonio dell'Umanità.

Metaponto, dove si concentra la maggior parte delle aziende agricole, si producono anche pomodori, fragole, fichi, mandorle e noci. Per strappare terreni coltivabili alle zone di montagna sono stati effettuati numerosi **disboscamenti** che hanno, però, aumentato il rischio di frane. L'**allevamento** è piuttosto sviluppato, soprattutto quello di ovini, caprini e suini, mentre la pesca è poco produttiva.

Il ritrovamento, nella seconda metà del Novecento, di alcuni **giacimenti di metano** nelle valli del Basento e dell'Agri ha favorito lo sviluppo dell'**industria chimica**. Nella valle dell'Agri sono sfruttati anche numerosi giacimenti petroliferi da cui proviene il 70% del petrolio estratto in Italia. Sono diffuse anche medie e piccole industrie alimentari (oleifici, aziende vinicole, pastifici) e tessili; a Matera ha un certo rilievo l'industria del mobile. Unico grande complesso industriale è lo **stabilimento FIAT** nei pressi di Melfi, uno degli stabilimenti automobilistici più produttivi d'Europa.

Il **turismo** interessa soprattutto le zone costiere e alcuni centri storici. Il territorio montuoso ha sempre reso difficili le **comunicazioni**, che sono **ancora carenti** nonostante la recente costruzione di un tratto autostradale e di superstrade; anche i collegamenti ferroviari sono scarsi e mancano gli aeroporti.

Attività economiche

ADDETTI PER SETTORE

Popolazione attiva: 65,6%
Disoccupati: 13,1%

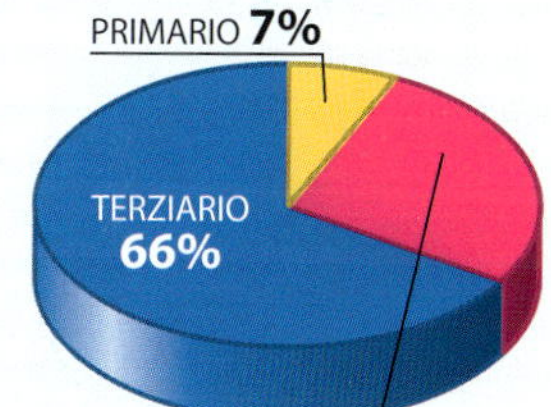

GUIDA ALLO STUDIO FISSO I CONCETTI

1. In quale zona della regione è più sviluppata l'agricoltura? Quali sono le principali coltivazioni?
2. Perché in Basilicata l'industria chimica ha conosciuto un buono sviluppo?
3. Le vie di comunicazione sono fitte? Che cosa le ostacola?

I Sassi di Matera

La caratteristica più straordinaria di Matera, seconda città della Basilicata per numero di abitanti, è il suo inconfondibile centro storico, che sorge a ridosso di un profondo burrone chiamato "la Gravina". Le sue pareti di tufo (una roccia tenera) sono state scavate nel corso di migliaia di anni per creare centinaia di grotte usate come abitazioni, depositi, pozzi e cisterne; in altre grotte sono state ricavate cappelle e chiese rupestri riccamente decorate e affrescate. Le case-grotte, occupate quasi ininterrottamente dall'Età del Bronzo fino a oggi, formano interi quartieri scavati nella roccia, chiamati Sassi. Esistono due quartieri principali: il Sasso Barisano, rivolto a nord-ovest sul versante della Gravina, e il Sasso Caveoso, che guarda a sud. I due Sassi sono separati dalla Civita, uno sperone roccioso che ospita il cuore della città vecchia, dove sorge la Cattedrale. Quello dei Sassi è un ambiente molto suggestivo e unico al mondo, con i suoi portali scolpiti attraverso cui si entra in camere scavate nella roccia, i suoi oscuri passaggi sotterranei, i labirintici vicoli e le scalinate. Per questo il centro storico di Matera, e i Sassi in particolare, sono stati scelti come set per molti film storici, tra cui *Il Vangelo secondo Matteo* di Pier Paolo Pasolini, del 1964, e *La passione di Cristo*, scritto e diretto da Mel Gibson nel 2004.

La Gravina di Matera
I Sassi si affacciano su un profondo vallone, che si allunga per circa 20 chilometri; la parete di fronte è punteggiata di chiese rupestri scavate anch'esse nel tufo.

La rinascita dei Sassi

Intorno alla metà del Novecento i Sassi di Matera versavano in una condizione di estremo degrado: molti abitanti del luogo, costretti dalla povertà, avevano usato come abitazione le grotte originariamente adibite a depositi e cisterne, e vivevano in ambienti malsani privi di acqua corrente e fognature. L'emergenza sociale e igienica spinse lo Stato, nel 1952, a prendere una decisione drastica: fu ordinato l'allontanamento di tutti gli abitanti dei Sassi, oltre 15.000, che vennero trasferiti in quartieri moderni, appositamente costruiti ai piedi della Gravina. Da allora e per molti anni i Sassi rimasero in uno stato di completo abbandono, fino al 1986, quando una legge ne stabilì il graduale recupero e la valorizzazione. Nel 1993 l'UNESCO dichiarò il centro storico di Matera e i Sassi Patrimonio Mondiale dell'Umanità. Oggi molte case-grotte sono state restaurate e dotate di moderni servizi, e ospitano appartamenti, alberghi, ristoranti e centri culturali.

Chiese rupestri
La Chiesa di Santa Maria di Idris è scavata nella roccia del Monterrone, una grossa rupe calcarea che si erge nel mezzo del Sasso Caveoso; collegata da un cunicolo alla Chiesa di San Giovanni, conserva affreschi di varie epoche. Tra le chiese rupestri da ricordare, l'imponente Chiesa di San Pietro Barisano, dell'XI secolo, e Santa Lucia alle Malve, del X secolo, nota per i suoi affreschi.

ITINERARIO IN...

CALABRIA

Stretta tra aspre montagne e coste rocciose, la Calabria è una terra ricca di bellezze naturali e testimonianze del passato.

1 Tropea

Tropea è un comune molto piccolo (la sua superficie è inferiore a 4 km²) ma decisamente particolare. Il centro abitato è diviso in due parti, una **parte alta** costruita su un promontorio roccioso, a circa 50 metri, a picco sul mare; e una **parte bassa**, Marina, che sorge vicino alla splendida spiaggia affacciata sul Mar Tirreno. Proprio la spiaggia e il clima mite fanno di Tropea una delle destinazioni turistiche più apprezzate d'Europa, frequentata anche dagli amanti della buona tavola, che vi giungono per gustare alcuni prodotti tipici della zona, come la famosa **cipolla rossa**.

Il Parco Nazionale dell'Aspromonte.

Un esemplare di pino laricio.

GEO PATRIMONIO

GEO VERDE

Un lupo.

La Calabria ospita ben tre parchi nazionali e quasi una ventina di riserve. Il **Parco Nazionale della Sila** tutela aree di rilevante interesse ambientale in Sila Piccola, Sila Grande e Sila Greca. Nei fitti boschi vive uno dei più consistenti branchi di lupi presenti in Italia.
Il **Parco Nazionale dell'Aspromonte** tutela un vasto territorio montuoso che culmina nel Montalto, da cui si può ammirare un immenso panorama che comprende le coste ionica e tirrenica, le Isole Eolie e l'Etna. Tra le specie vegetali più caratteristiche meritano un cenno il pino laricio, che si trova tra gli 800 e i 1700 metri di quota e può raggiungere i 50 metri di altezza, e la felce tropicale, estremamente rara (è una delle piante più antiche). La fauna comprende lupi, linci e martore; tra i volatili c'è una particolare specie di aquila, l'aquila del Bonelli, così chiamata in memoria di un celebre naturalista, estinta nel resto della Penisola Italiana.
La Calabria condivide inoltre con la Basilicata il **Parco del Pollino**, la più estesa area protetta in Italia.

2 Cosenza

Situata nell'entroterra calabro, la città di Cosenza è al centro di un importante polo urbano, economico e culturale. Sul suo territorio si trovano infatti importanti istituzioni come l'**Università della Calabria**, il più grande ateneo della regione e uno dei più importanti dell'Italia Meridionale, e il suo nucleo urbano è negli ultimi anni al centro di un'importante opera di riqualificazione a cui stanno collaborando anche famosi architetti stranieri. Tra i monumenti da visitare in città vi sono il Duomo e il Castello Normanno, e vale la pena anche passeggiare nei numerosi parchi, che fanno di Cosenza una delle città più "verdi" del Meridione.

3 Lungro

Piccolo comune a nord-ovest di Cosenza, il paese di Lungro è uno dei più importanti centri della comunità degli **arbëreshë**, minoranza albanese nell'Italia Meridionale. Non si tratta di immigrati arrivati negli ultimi decenni, ma dei discendenti di Albanesi che giunsero qui in epoca molto più antica, nel Quattrocento, per fuggire dai Turchi che avevano invaso la loro patria. Nonostante siano integrati con la realtà locale, gli Arbëreshë sono riusciti in gran parte a conservare le loro tradizioni, la loro lingua (una variante dell'albanese moderno) e la loro religione (il cristianesimo ortodosso di rito bizantino).

4 Castrovillari

Se non si sapesse di trovarsi in Calabria, guardando il panorama intorno alla cittadina di Castrovillari si potrebbe pensare di trovarsi sulle Alpi! Il centro urbano è infatti circondato dalle vette dell'Appennino Lucano, e in particolare è dominato dal grande **Massiccio del Pollino**, una formazione montuosa che nell'aspetto ricorda molto le Dolomiti. Il mare, lo Ionio, è a soli 30 chilometri di distanza, ma è nascosto dalle montagne e non è raro che d'inverno ci siano abbondanti nevicate. Il nucleo urbano di Castrovillari sorge in un avvallamento naturale chiamato Conca del Re, ed è diviso tra la parte vecchia, edificata su uno sperone roccioso, e quella nuova, più a valle, collegate dallo storico Ponte della Catena.

▲ Un tratto di costa ionica.

Il territorio

Stretta tra il Mar Tirreno a ovest e lo Ionio a est, la Calabria costituisce la "punta dello stivale", ovvero l'estremità meridionale della Penisola Italiana. Confina a nord con la Basilicata, mentre a sud lo Stretto di Messina la separa dalla Sicilia.

La Calabria è costituita quasi interamente da **rilievi** che si spingono fino alle coste, in prossimità delle quali diventano meno aspri. Al confine con la Basilicata si innalza il massiccio del Monte Pollino, dall'aspetto dolomitico, la cui cima più elevata in territorio calabrese è la Serra Dolcedorme. La zona centrale è occupata dall'Altopiano della Sila, ricco di laghi e foreste (il nome Sila deriva dal latino *silva* che significa "selva", "bosco"). La punta meridionale della regione è occupata dal Massiccio dell'Aspromonte, che sfiora i 2000 metri e presenta un paesaggio affascinante, caratterizzato da rocce levigate dal vento e ampi panorami sul mare. Le colline occupano gran parte del territorio calabrese e formano una fascia intermedia tra le montagne e la costa.

Le poche **aree pianeggianti**, perlopiù brevi e strette, si estendono in prossimità della costa, in corrispondenza delle foci dei fiumi. Sul versante tirrenico si trovano le piane di Sant'Eufemia, Rosarno e Gioia, su quello ionico quelle di Sibari e del Marchesato. I fiumi che le attraversano hanno per la maggior parte carattere torrentizio; tipiche della regione sono le **fiumare**, che restano asciutte per buona parte dell'anno e si gonfiano impetuosamente d'acqua nelle stagioni piovose.

Se si escludono le isole, la Calabria è la regione italiana che ha il maggior numero di chilometri di **coste**, prevalentemente alte e rocciose sul versante tirrenico, basse e sabbiose sul versante ionico.

Territorio

SUPERFICIE: 15.081 km²

Monti:
Monte Pollino (2248 m),
Cozzo del Pellegrino (1987 m),
Aspromonte (1955 m),
Monte Botte Donato (Sila, 1928 m),
Monte Pecoraro (1423 m).

Fiumi: Neto (95 km),
Crati (81 km),
Savuto (50 km).

Laghi:
Ampollino,
Arvo,
Cecita
(si trovano sulla Sila
e sono tutti artificiali).

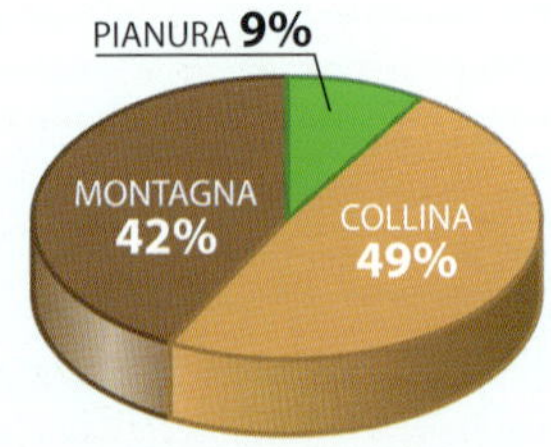

GUIDA ALLO STUDIO FISSO I CONCETTI

1. La regione è ricca di golfi: quali sono? Individuali sulla carta.
2. Dove si trovano i parchi della Calabria?
3. Quali sono e dove si trovano i laghi? Che origine hanno?

▼ Pini e montagne rocciose nel Parco Nazionale del Pollino.

La cupola del Duomo di Catanzaro.

Catanzaro

Costruita dai Bizantini come città fortificata tra il IX e il X secolo, e poi conquistata dai Normanni, Catanzaro è il capoluogo di regione, anche se la sede del Consiglio regionale è a Reggio di Calabria. Catanzaro è situata nel punto più stretto della regione, a pochi chilometri dalla costa, lungo un ripido sperone roccioso da cui si domina il mare. È costruita intorno al nucleo originale, un vecchio borgo che risale all'epoca medievale, nel quale meritano una visita il **Duomo** e la chiesetta sconsacrata di **Sant'Omobono**. Ripetuti terremoti hanno cancellato quasi completamente le testimonianze più antiche, ma la città vecchia, attraversata da un lungo corso sul quale si affacciano numerosi palazzi ottocenteschi, è comunque affascinante. Un grande ponte, a una sola arcata, collega il centro storico con l'altro lato della valle. A sud di Catanzaro si trova Marina di Catanzaro, un centro turistico molto frequentato.

▲ Una veduta di Cosenza.

Il clima

Lungo le coste il clima è tipicamente **mediterraneo**, con estati lunghe e calde ma ventilate. Nelle aree montuose dell'interno è **continentale**, con inverni rigidi e abbondanti nevicate. Grazie alle sue montagne, la Calabria è la regione più piovosa dell'Italia Meridionale.

La popolazione e le città

La Calabria ha una **densità** di popolazione **inferiore alla media** italiana; la popolazione si concentra lungo i tratti costieri, o nel primo entroterra, dove sorgono Reggio di Calabria e Catanzaro, le città più popolate. Le aree montuose e collinari dell'interno alternano estese zone semidisabitate, rari centri urbani di dimensioni anche notevoli e piccoli insediamenti isolati. In passato dalla Calabria sono **emigrati** tanti abitanti alla ricerca di lavoro. Questo fenomeno ha avuto il suo momento più intenso alla fine dell'Ottocento e all'inizio del Novecento, quando mezzo milione di calabresi si avventurò verso Paesi lontani, in particolare negli Stati Uniti e in Sudamerica. In seguito, l'emigrazione calabrese si è rivolta in prevalenza alle grandi città industriali dell'Italia Settentrionale. Negli ultimi anni i flussi migratori sono rallentati, anche se l'economia calabrese stenta a tenere il passo con il resto del Paese. In Calabria sono presenti alcune comunità di **lingua greca e albanese**, come gli arbëreshë.

Città e province

Lo stemma è ovale, con quattro figure così disposte: in alto il pino laricio, in basso una colonna con capitello dorico, a sinistra una croce bizantina, a destra una croce "potenziata", con ciascun braccio a forma di T piatta.

Capoluogo: Catanzaro.
Altre province: Cosenza, Crotone, Reggio di Calabria, Vibo Valentia.
Popolazione: 1.970.521 ab.
Densità: 130 ab./km²

GUIDA ALLO STUDIO FISSO I CONCETTI

1. Rispetto alla media nazionale, com'è la densità di popolazione della Calabria?
2. Dove si trovano le aree meno abitate?
3. Quando si manifestò il fenomeno dell'emigrazione? Dove erano diretti gli emigranti?

GEO FOLK

Riti propiziatori e cortei di barche

Ogni anno a **Serra San Bruno**, nell'entroterra calabro, si ripete un antico rito che ha per protagonisti coppie di fidanzati. Il futuro marito offre alla promessa sposa un pezzo di focaccia, dopo averla fatta benedire. La ragazza può accettare o rifiutare il dono, ma può anche spezzare la focaccia in due parti, una per sé e l'altra per il futuro sposo: in questo caso il matrimonio sarà pieno di felicità. Un'altra cerimonia a sfondo religioso è la **festa della Madonna di Capo Colonna**. A conclusione di una grande sagra del pesce, con canti e balli, una lunga processione accompagna l'immagine della Vergine da Crotone sino a Capo Colonna (circa 12 chilometri); la fase più spettacolare è quella del ritorno, che avviene via mare, con un corteo di barche.

L'immagine della Madonna viene portata in processione.

◀ Peperoncino piccante.

▼ Un agrumeto.

▼ Impianti di risalita sull'Aspromonte.

Attività economiche

ADDETTI PER SETTORE

Popolazione attiva: 65,8%
Disoccupati: 24,6%

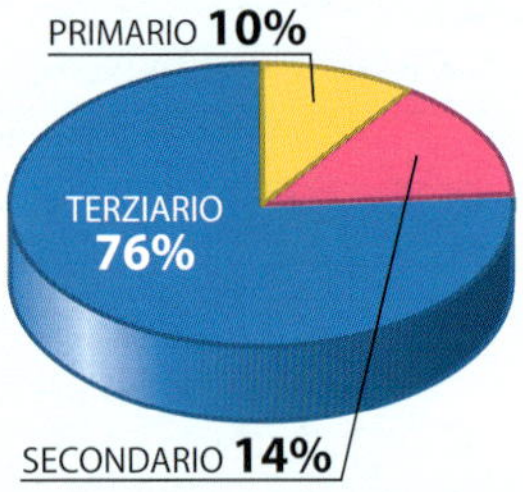

GUIDA ALLO STUDIO FISSO I CONCETTI

1. Qual è il principale problema che affligge l'economia della regione?
2. Quali sono le principali produzioni agricole e industriali?
3. Quale potrebbe essere la principale risorsa economica della regione, in futuro?

L'economia

La Calabria è una delle regioni italiane con il minor reddito pro capite e il maggior tasso di disoccupazione.
L'**agricoltura** è resa difficile dalla conformazione del territorio; per questo si cerca di sfruttare al massimo le poche aree pianeggianti con coltivazioni intensive di peperoncino, ortaggi, cereali, barbabietola da zucchero, fichi e agrumi, tra i quali il bergamotto, la cui essenza è utilizzata in profumeria. Importanti sono la coltivazione dell'olivo (la Calabria è la seconda regione italiana per la produzione di olio) e della vite: oggi i vini calabresi raggiungono le tavole di tutta Italia.
Diffuso è l'**allevamento** ovino e caprino; tradizionale è la **pesca**, soprattutto del pesce spada, anche se negli ultimi anni il pescato si è progressivamente ridotto.. Le foreste rappresentano un patrimonio notevole per la produzione di

▲ Un cementificio alle pendici del Pollino.

▼ Una centrale idroelettrica a Satriano.

legname. I laghi artificiali della Sila alimentano centrali elettriche da cui si ricava l'energia necessaria al fabbisogno delle **poche industrie**, soprattutto oleifici e industrie alimentari. Alcuni impianti chimici e metalmeccanici si sono sviluppati nelle zone di Crotone, Vibo Valentia e Reggio di Calabria.
Il mare limpido e l'entroterra incontaminato richiamano un **turismo**, estivo e invernale, in continua espansione, che costituisce una delle principali risorse economiche della regione. Perché ciò avvenga bisognerebbe provvedere alla modernizzazione delle vie di comunicazione che, nonostante qualche progresso, restano carenti. I principali **porti** sono quelli di Reggio di Calabria e di Gioia Tauro; quest'ultimo è tra i principali centri del Mediterraneo per il passaggio di merci sulla rotta tra Estremo Oriente, Europa Settentrionale e America del Nord. Lo scalo aereo più importante è quello di Lamezia Terme.

GEO PATRIMONIO

I Bronzi di Riace.

Presso il Museo Archeologico Nazionale di **Reggio di Calabria** puoi ammirare i famosi Bronzi di Riace, magnifiche statue di bronzo che risalgono al V secolo a.C. Furono scoperti nel 1972 da un subacqueo, che li avvistò sul fondale marino nei pressi della cittadina di Riace, e si sono rivelati uno dei più importanti ritrovamenti archeologici del secolo scorso. Raffigurano due guerrieri greci che parteciparono alla spedizione di Argo contro Tebe. Erano su una nave che fece naufragio mentre costeggiava i lidi calabresi.

La chiesa bizantina di Stilo.

A **Stilo** puoi ammirare, oltre ai resti di un castello medievale, un'antica chiesetta bizantina, chiamata "La Cattolica", che sorge alta e isolata dal resto dell'abitato e risale al X secolo. Ha una struttura particolare, a pianta quadrata con cinque piccole cupole a base circolare, e al suo interno custodisce notevoli affreschi, alcuni dei quali hanno più di mille anni.
A **Gerace** si trova la Cattedrale più grande della Calabria. Risale agli anni 1080-1120 ed è un'importante testimonianza dell'occupazione normanna.

La Cattedrale di Gerace.

Sibari è una delle più antiche colonie greche della regione. Scavi archeologici effettuati nell'Ottocento portarono alla luce due necropoli di grande interesse storico.
Altri interessanti reperti archeologici si trovano a **Locri Epizefiri**, l'ultima delle colonie greche fondate in Calabria (VII secolo a.C.).

Locri Epizefiri, i resti del teatro.

SICILIA

Da sempre crocevia di popoli e tradizioni, la Sicilia, oltre a essere ricca di opere d'arte e bellezze naturali, offre un'atmosfera autenticamente mediterranea.

1 Bagheria

Questa cittadina, che si trova a una quindicina di chilometri a est di Palermo, ha molto da offrire agli amanti dell'arte e della cultura. Qui nacque uno dei più importanti pittori italiani del Novecento, **Renato Guttuso**, a cui la città ha dedicato un museo ospitato nella Villa Cattolica. La storia di Bagheria, raccontata attraverso le vicende di una famiglia del posto, è narrata nel film *Baarìa* (2009) di Giuseppe Tornatore.

Le acque trasparenti della Riserva dello Zingaro.

GEOPATRIMONIO

GEO VERDE

Una volpe nelle Madonie.

Per salvaguardare alcune zone di particolare interesse naturalistico, sono stati istituiti in Sicilia cinque grandi parchi regionali: il **Parco dell'Etna**, il **Parco dei Nebrodi**, il **Parco delle Madonie**, il **Parco Fluviale dell'Alcantara** e il **Parco dei Monti Sicani**, oltre a numerose riserve naturali. Tra queste particolarmente interessante è la **Riserva Naturale dello Zingaro**, che tutela un territorio aspro, bagnato da un mare tra i più limpidi dell'isola. La costa, calcarea, presenta numerose grotte e piccole baie. La vegetazione, pur non rigogliosa, è assai varia, con garofani, fiordalisi, anemoni e alcune specie di piante rare. La fauna terrestre comprende volpi, donnole, istrici e varie specie di anfibi. Le acque marine della riserva sono popolate da svariati pesci, alcuni coloratissimi. È presente inoltre un particolare mollusco, le cui conchiglie calcaree si fondono in masse compatte, formando una vera e propria roccia che fa avanzare la costa. La Riserva dello Zingaro è attraversata da numerosi sentieri, alcuni dei quali percorrono il litorale, mentre altri risalgono l'entroterra montuoso, con splendide vedute sul mare.

2 Marsala

Affacciata sul Mediterraneo, a sud di Trapani, Marsala gode di un clima mite e offre al visitatore numerose testimonianze della sua antica storia, che risale ai tempi in cui la città era una colonia cartaginese, nel IV secolo a.C. Ma Marsala fu protagonista anche di un importante avvenimento della storia più recente: nel 1860 vi sbarcò **Giuseppe Garibaldi** con i suoi volontari, le famose "camicie rosse", che nel giro di pochi mesi portarono alla caduta del regno dei Borboni nell'Italia Meridionale e all'Unità d'Italia sotto Vittorio Emanuele II, re di Sardegna. Marsala è anche famosa per un ottimo **vino liquoroso**, il Marsala, per l'appunto.

3 Pantalica

Situata a poche decine di chilometri da Siracusa, Pantalica è una località storica e naturalistica unica nel suo genere. Si tratta di un altopiano roccioso in cui lo scorrere di due fiumi, l'Anapo e il Calcinara, ha scavato **profondi canyon** nella roccia, che con il tempo sono diventati strette valli abitate da numerose specie animali e vegetali. Nel corso dei secoli, gli uomini scavarono sui fianchi rocciosi dei canyon piccole grotte, usate prima come tombe dalle antiche popolazioni sicule e poi, durante il Medioevo, come abitazioni di fortuna dai coloni bizantini che dovettero fuggire nell'entroterra dopo la conquista delle coste siciliane da parte degli Arabi. Oggi l'area di Pantalica è una **riserva naturale**, ed è stata dichiarata **Patrimonio Mondiale dell'Umanità** nel 2005.

4 Vulcano

Isola dell'Arcipelago delle Eolie, Vulcano è chiamata così perché nell'antichità era un luogo sacro al dio greco Efesto, chiamato Vulcano dai Romani; divinità del fuoco e fabbro degli dèi, secondo la leggenda Vulcano aveva qui la sua caldissima fucina. Non è difficile capire perché gli antichi abbiano avuto questa idea: l'isola è infatti ancora oggi soggetta a **fenomeni vulcanici**; anzi, si può dire che sia il "vulcano" per eccellenza, perché le stesse parole "vulcano" e "vulcanesimo" derivano proprio dal suo nome.

▲ Isola Bella a Taormina.

Il territorio

La Sicilia ha una caratteristica forma triangolare da cui deriva il nome che le veniva attribuito nell'antichità: Trinacria, cioè isola "a tre punte". È l'isola più grande del Mediterraneo; è bagnata dal Mar Tirreno a nord, dal Mar di Sicilia a ovest e a sud e dal Mar Ionio a est. Lo Stretto di Messina la divide dalla Calabria, mentre a sud il Canale di Sicilia la separa dall'Africa. Al largo sorgono numerose isole minori (tra le quali Ustica e Pantelleria) e alcuni arcipelaghi (Eolie, Egadi, Pelagie).

Il territorio siciliano è caratterizzato dalla presenza di varie **catene montuose**. Lungo il versante tirrenico si eleva l'Appennino Siculo, formato da tre sistemi montuosi: i Peloritani, di altezza modesta e solcati da fiumare, brevi corsi d'acqua asciutti per quasi tutto l'anno ma in piena durante l'inverno; i Nebrodi, dalle forme dolci e arrotondate; e le Madonie, che sfiorano i 2000 metri e sono più aguzze. Il versante mediterraneo è caratterizzato da estesi **altopiani** solcati da rari corsi d'acqua; tra questi solo il Platani e il Salso sono veri e propri fiumi. Al centro dell'isola sorgono i Monti Erei, di altezza modesta, mentre l'area sud-orientale è occupata dai Monti Iblei, dall'aspetto quasi collinare. Sul versante ionico si eleva l'**Etna**, il più alto vulcano d'Europa. Altri vulcani attivi si trovano sulle isole di Stromboli e Vulcano, nell'Arcipelago delle Eolie. Le zone interne della regione sono occupate da **colline**, che costituiscono la parte prevalente del suo territorio.

La principale **pianura** siciliana è la Piana di Catania, attraversata dal fiume Simeto e dal suo affluente Dittaino. Altre pianure, di dimensioni ridotte, si trovano in prossimità della costa: tra queste la Conca d'Oro a nord e la Piana di Gela a sud.

La Sicilia ha uno **sviluppo costiero molto vario**. La costa tirrenica, prevalentemente alta e rocciosa, presenta penisole, promontori e insenature, alcune delle quali ospitano splendide spiagge bianche.

Territorio

SUPERFICIE: 25.711 km²

Monti:
Etna (3323 m),
Madonie (1979 m),
Monti Nebrodi (1847 m),
Monti Sicani (1578 m),
Monte Poverello (1279 m),
Monti Erei (1192 m),
Monti Iblei (986 m).

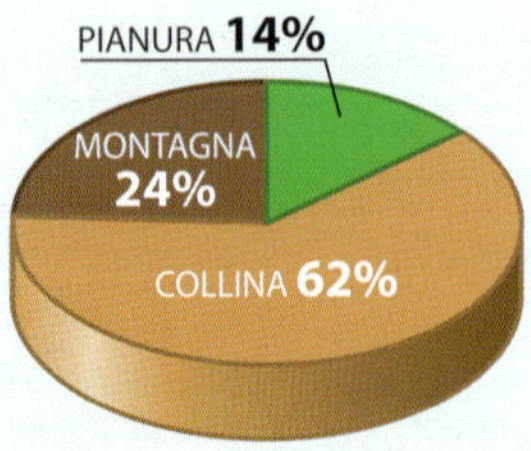

Fiumi:
Salso (144 km), Simeto (113 km), Platani (103 km), Belice (76 km), Alcantara (48 km).

Isole:
Eolie, Egadi, Pelagie, Ustica, Pantelleria.

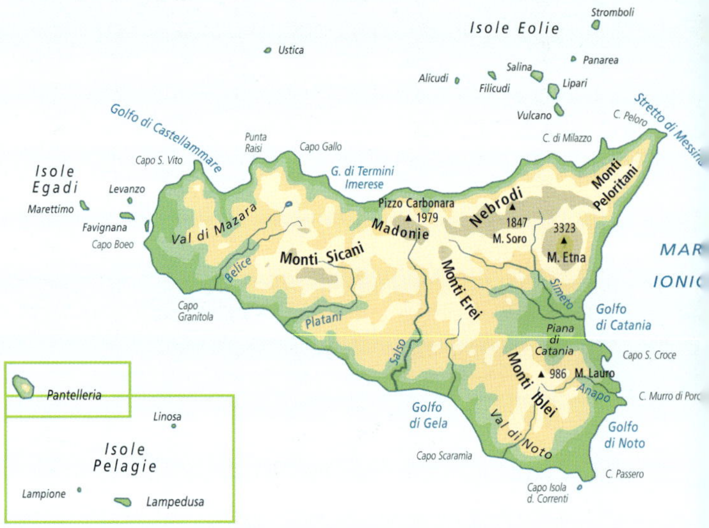

GUIDA ALLO STUDIO — FISSO I CONCETTI

1. Rintraccia sulla carta l'Appennino Siculo ed evidenzia con colori diversi i sistemi montuosi che lo compongono.
2. Evidenzia sulla carta i vulcani presenti nella regione.
3. Individua la Piana di Catania: è l'unica pianura dell'isola?

▼ L'Etna, uno dei maggiori vulcani attivi del mondo.

▲ Il vivace e colorato mercato della Vucciria, a Palermo.

▲ Un particolare di una facciata barocca a Noto.

La costa mediterranea è invece perlopiù bassa, lineare, sabbiosa e a tratti anche paludosa. Infine, la costa ionica si presenta alta e rocciosa nel tratto settentrionale, bassa e prevalentemente sabbiosa a sud.

Il clima

Il clima è tipicamente **mediterraneo**, con inverni miti ed estati lunghe e molto calde, più temperate sulla costa. Le piogge sono scarse: la siccità costituisce infatti uno dei gravi problemi dell'isola.

La popolazione e le città

La Sicilia è una regione **molto popolosa**. Oltre a Palermo (678.000 ab.), altre tre città superano i 100.000 abitanti: Catania (315.000), Messina (240.000) e Siracusa (122.000). La popolazione è concentrata soprattutto nelle aree urbane costiere, mentre all'interno i centri abitati, pur raggiungendo spesso dimensioni notevoli, sono in genere separati da estese aree disabitate. Le numerose isole minori, poco abitate per gran parte dell'anno, sono affollate di turisti nella stagione estiva. L'Isola di Lampedusa, più di ogni altra, è meta di profughi provenienti dai Paesi dell'Africa Settentrionale. La Sicilia è una **regione a statuto speciale**.

Palermo

Capoluogo di regione, Palermo è la città più popolosa della Sicilia e il principale porto dell'isola. Sorge in una splendida baia naturale circondata dai monti. L'origine della città è antichissima (fu fondata dai Fenici) e la sua storia millenaria, segnata dalla presenza di popoli e culture diverse, ha lasciato tracce in numerosi monumenti. Tra questi la splendida **Cattedrale**, eretta nel 1184, trasformata dagli Arabi in moschea e riportata al culto cristiano dai Normanni, e il **Palazzo dei Normanni**, antica fortezza araba trasformata in reggia. Innumerevoli altri monumenti testimoniano la storia straordinaria e complessa di questa città, dove quartieri e angoli di autentica vita popolare, come il mercato della **Vucciria**, si affiancano a rioni sorti disordinatamente dal secondo dopoguerra in poi.

La Cattedrale.

Città e province

Lo stemma della Sicilia è un drappo bicolore giallorosso con il millenario simbolo della Trinacria, il mostro a tre gambe.

Capoluogo: Palermo.
Altre province: Agrigento, Caltanissetta, Catania, Enna, Messina, Ragusa, Siracusa, Trapani.
Popolazione: 5.074.261 ab.
Densità: 197 ab./km²

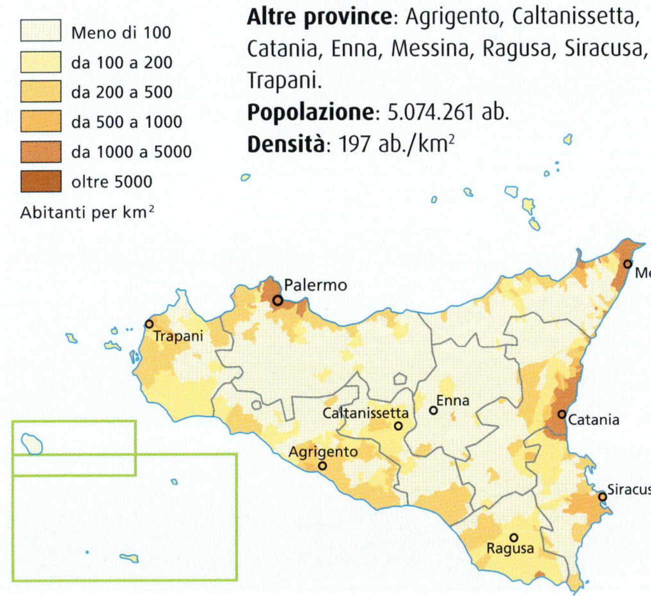

GUIDA ALLO STUDIO **FISSO I CONCETTI**

1 Quante province vi sono in Sicilia? Quali capoluoghi superano i 100.000 abitanti?
2 Dove sono concentrate le maggiori aree urbane?
3 Le aree interne presentano una elevata densità?

GEO FOLK

I Pupi siciliani

Appartengono a un'antica tradizione siciliana i **Pupi**: simili a marionette di legno, sono però azionati da stecche anziché da fili. Vengono utilizzati per mettere in scena vere e proprie rappresentazioni teatrali, ambientate generalmente in epoca medievale: battaglie, cavalli e cavalieri, principesse e principi sono i protagonisti principali. I Pupi vengono realizzati da maestri artigiani e hanno un notevole valore artistico. Puoi assistere a uno spettacolo di Pupi siciliani in diverse città dell'isola, presso piccoli teatri allestiti direttamente nelle botteghe artigiane.

Attività economiche

ADDETTI PER SETTORE

Popolazione attiva: 65,5%
Disoccupati: 21,9%

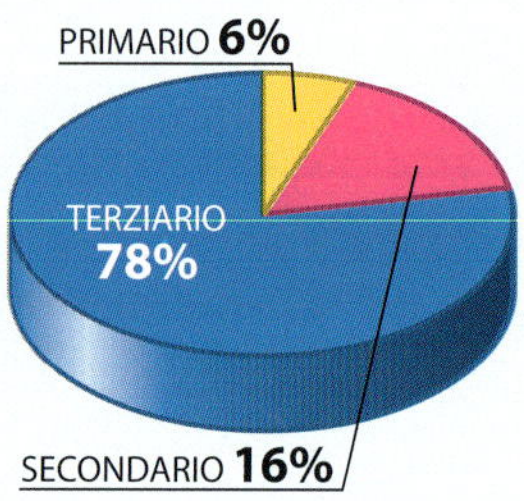

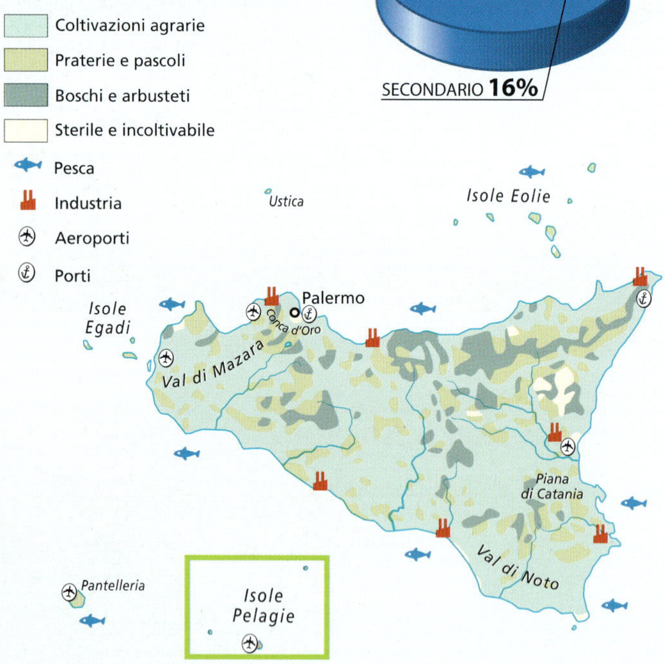

GUIDA ALLO STUDIO **FISSO I CONCETTI**

1 Quali sono i prodotti caratteristici dell'agricoltura siciliana? La pesca riveste un ruolo economico importante?
2 Dove si trovano le principali industrie? Che cosa producono?
3 Perché è importante il porto di Messina?

▲ Pescherecci nel porto di Sciacca.

▲ Vigneti nell'Isola di Pantelleria, dove si produce il vino Passito.

L'economia

Nelle aree interne e collinari della Sicilia si praticano l'**agricoltura** estensiva, poco produttiva in rapporto alla superficie occupata, e quella tradizionale, che punta più sulla qualità che sulla quantità della produzione. Più moderna e produttiva è invece l'agricoltura intensiva delle zone costiere. Le aree collinari sono coltivate soprattutto a cereali, in particolare grano e orzo. Nella Piana di Catania e nella Conca d'Oro (Palermo) si coltivano agrumi, di cui la Sicilia è la prima produttrice in Italia. Importante è anche la produzione di olive, uva, sia da tavola sia per vini pregiati, mandorle, fichi e ortaggi (pomodori, peperoni, carciofi, melanzane). È molto praticata la **pesca**, anche se l'impoverimento

GEO PATRIMONIO

In Sicilia sono confluite culture e civiltà diverse. Nel VII secolo a.C. i Greci colonizzarono l'isola e fecero di **Siracusa** una delle città più importanti del mondo antico. Qui puoi visitare le Latomie, antichissime cave di pietra da cui si estraevano i materiali per costruire le mura e gli edifici della città. Tra questi un tempio di Atena del V secolo a.C. sul quale è stato edificato, successivamente, il Duomo; all'interno si distinguono ancora le originarie colonne doriche.
Imponenti templi greci sorgono anche nella Valle dei Templi, ad **Agrigento**; tra i più belli e meglio conservati il Tempio della Concordia. In origine i templi erano decorati con colori vivaci, a stucco, ma questi rivestimenti si sono purtroppo deteriorati completamente nel corso dei secoli.
Presso il teatro greco di **Segesta**, nell'entroterra nord-occidentale dell'isola, è possibile assistere ancora oggi agli spettacoli teatrali alla luce del tramonto, proprio come all'epoca degli antichi Greci. A Segesta sorge anche uno splendido tempio dorico.

Sopra: la Chiesa di San Giovanni degli Eremiti a Palermo.
A sinistra: le Latomie di Siracusa.

Della lunga dominazione romana restano anfiteatri, templi e splendidi mosaici, come quelli che puoi visitare nella Villa del Casale, a **Piazza Armerina**, risalenti all'età imperiale.
Gli Arabi, che hanno introdotto nell'isola la coltivazione di aranci, carciofi e mandorli, hanno lasciato anche stupende testimonianze artistiche. A **Palermo** puoi visitare la Cappella Palatina, fondata da Ruggero II nel 1132, e la Chiesa di San Giovanni degli Eremiti, eretta nel 1136.

Tempio di Giunone (Hera) nella Valle dei Templi ad Agrigento.

della fauna marina rende questa attività sempre meno redditizia; si pescano soprattutto tonni, pesci spada e crostacei. Mazara del Vallo è il principale porto peschereccio italiano.
Nelle vicinanze di alcuni porti (Gela, Porto Empedocle, Siracusa) sono state installate **industrie** petrolchimiche per la trasformazione del petrolio estratto nei giacimenti locali e di quello importato dal Nord Africa. Sono presenti anche industrie metalmeccaniche (a Termini Imerese si trova un importante stabilimento, aperto dalla FIAT nel 1970, chiuso nel 2001 e riconvertito ad altra produzione nel 2016 grazie ai finanziamenti statali per lo sviluppo), alimentari e conserviere, della cantieristica navale e delle costruzioni.
È notevole l'**attività artigianale**: famose sono le ceramiche di Caltagirone e i Pupi siciliani, testimonianza di una tradizione antica e ancora molto sentita.
Il **turismo** è diventato una delle principali risorse economiche della regione grazie alle bellezze naturali, ai famosi centri balneari (come Taormina) e a uno straordinario patrimonio storico e artistico.
Il porto di Messina è il nodo dei **collegamenti** con la penisola: da qui partono traghetti e aliscafi diretti a Reggio di Calabria o a Villa San Giovanni. Augusta è invece uno dei principali porti italiani per movimento delle merci.

▲ Il teatro greco di Taormina durante uno spettacolo.

▼ Traghetti a Messina.

Stromboli

Stromboli, la più settentrionale delle Isole Eolie, si eleva sulle acque del Mar Tirreno fino a 924 metri di altezza. Con i suoi fianchi simmetrici e il suo profilo scuro, affiora come il dorso di un mostro mitologico che emette densi vapori biancastri. Stromboli è infatti un vulcano, il cui primo nucleo cominciò a formarsi circa 100.000 anni fa. Punto di riferimento per la navigazione, era "il faro del Mediterraneo" per gli antichi Romani; Iddu, "lui" – quasi fosse una divinità – per le popolazioni locali, che hanno imparato a convivere con la turbolenza della grande montagna. L'isola si inabissa fino a 3000 metri di profondità e ha un diametro di 2 chilometri circa; è uno dei tre vulcani attivi in Italia, e uno dei più attivi al mondo. Da almeno duemila anni continua a dare segni della sua sotterranea irrequietezza. La popolazione residente sull'isola all'inizio del Novecento era molto più numerosa e viveva della coltivazione della vite. Ora rimangono circa 500 abitanti, concentrati perlopiù sulla costa nord-orientale, dove sorgono Ficogrande, Scari, Piscità. L'economia attuale è tutta basata sul turismo, tra visite guidate al cratere principale, balneazione nelle magnifiche spiagge nere e immersioni subacquee. Sul versante sud-occidentale, è sito il minuscolo borgo di Ginostra, raggiungibile solo dal mare; nelle vicinanze si trova un cratere secondario, detto Timpone del Fuoco.

Strombolicchio
Oggi è un grande sperone roccioso a sentinella del grande vulcano; in origine, Strombolicchio era il camino centrale di un vulcano che 200.000 anni fa affiorava a nord-est dell'attuale Stromboli.

Laboratorio geologico

Nel 2000 le Isole Eolie sono state dichiarate Patrimonio dell'Umanità dall'UNESCO perché sono oggetto di studio per i geologi di tutto il mondo. Il vulcano di Stromboli, in particolare, si caratterizza per una tipologia di fenomeni eruttivi specifica, nota appunto come "attività stromboliana". Tra le manifestazioni più tipiche ci sono i cosiddetti "parossismi", costituiti da esplosioni improvvise particolarmente violente. Fu proprio di questo tipo l'eruzione avvenuta tra il febbraio e l'aprile del 2007.
Alcune attività come la pesca e un certo tipo di turismo minacciano però seriamente l'integrità del territorio: per questo motivo è da tempo in discussione l'estensione del vincolo UNESCO anche ai fondali marini, alla loro flora e alla loro fauna.

La montagna non dorme mai
Stromboli è un vulcano ancora attivo, e tiene sempre in allarme gli abitanti dell'isola.

La Sciara del Fuoco
La Sciara del Fuoco è un ampio canalone derivato dallo sprofondamento di parte del cono del vulcano; come un grande scivolo roccioso, incanala lava e altri prodotti dell'attività eruttiva verso il mare, in cui sprofonda per 2000 metri.

Itinerario in...

SARDEGNA

Con coste meravigliose e un entroterra selvaggio e misterioso, la Sardegna è una regione piena di magia. La sua insularità ha favorito la conservazione di antiche e affascinanti tradizioni.

1 Caprera

L'Isola di Caprera si trova a poca distanza dalla costa settentrionale della Sardegna e fa parte dell'**Arcipelago de La Maddalena**, un gruppo di isole il cui territorio è oggi interamente protetto dall'omonimo **Parco Nazionale**. Caprera, in particolare, è nota perché qui risiedette, per oltre vent'anni, **Giuseppe Garibaldi**, il grande generale eroe del Risorgimento. Fu infatti a Caprera che Garibaldi si ritirò dopo aver guidato la famosa Spedizione dei Mille nel 1860, e qui morì e fu sepolto, dopo aver compiuto molte altre grandi imprese, nel 1882. Oggi la sua casa, che è diventata un museo, e la vicina tomba sono tra i monumenti più visitati d'Italia.

GEO PATRIMONIO

GEO VERDE

Asinelli bianchi dell'Asinara.

Delfini vicino a Caprera.

In Sardegna ci sono tre Parchi Nazionali: dell'**Asinara**, dell'**Arcipelago de La Maddalena** e del **Gennargentu e del Golfo di Orosei**; vi sono inoltre sei zone marine protette. Il Parco Nazionale del Gennargentu e del Golfo di Orosei tutela un'area molto vasta e varia: al suo interno si distinguono una zona montuosa e una marina, entrambe selvagge e poco abitate. Nell'area montana è possibile effettuare lunghe passeggiate in un ambiente incontaminato e aspro. Nell'area marina si susseguono spiagge e baie semideserte, bagnate da un mare cristallino. Qui, fino a qualche tempo fa, era facile vedere le foche monache; oggi il loro avvistamento è molto più difficile, soprattutto durante l'alta stagione. Nel Parco Nazionale dell'Arcipelago de La Maddalena si trova la **Riserva Naturale di Caprera** che, oltre all'ambiente terrestre, offre un sorprendente habitat sottomarino: nelle acque trasparenti si può vedere una grande quantità di pesci e delfini che nuotano tra antichi relitti.

Grotte nel Golfo di Orosei.

2 Arzachena

Cittadina della Gallura, regione storica nella parte settentrionale della Sardegna, Arzachena è il principale centro della **Costa Smeralda**, uno splendido tratto costiero caratterizzato da piccole insenature, spiagge riparate e acque limpidissime. Dagli anni '60 del Novecento la Costa Smeralda è una delle destinazioni turistiche più frequentate ed esclusive della Sardegna e di tutto il Mediterraneo, nonché meta preferita dei personaggi più ricchi, influenti e famosi della società internazionale.

3 La Barbagia

A ovest del Massiccio del Gennargentu, quasi esattamente al centro della Sardegna, si trova la Barbagia, un'aspra regione di monti e altipiani che è il vero **cuore rurale dell'isola**. Qui il paesaggio non potrebbe essere più diverso dalle azzurre coste affollate dai turisti, e gli abitanti conservano ancora le antiche tradizioni e la loro caratteristica lingua sarda. Nell'antichità gli abitanti della Barbagia resistettero fieramente alla conquista romana; oggi i loro discendenti sono molto aperti e cordiali.

4 Ingurtosu

Non c'è bisogno di essere i protagonisti di un film western per visitare un autentico "**paese fantasma**". È stato questo infatti il destino di Ingurtosu, una frazione del comune di **Arbus**, a nod-ovest di Cagliari. Sorta nell'Ottocento per ospitare i lavoratori di una vicina miniera da cui si estraeva piombo, zinco e argento, Ingurtosu fu abbandonata nel 1968 in seguito alla chiusura della miniera. Oggi il villaggio e gli impianti di estrazione, seppur in rovina, sono di grande interesse per gli appassionati di archeologia industriale, disciplina che studia macchinari e processi industriali del passato.

▲ Capo Caccia.

Il territorio

La Sardegna, seconda isola italiana per grandezza dopo la Sicilia, si affaccia a ovest sul Mar di Sardegna, a est sul Tirreno e a sud sul Mediterraneo, mentre a nord le Bocche di Bonifacio, uno stretto largo 11 chilometri, la separano dalla Corsica, isola francese. Appartengono alla Sardegna anche alcune isole: le maggiori sono La Maddalena, Caprera, Tavolara e l'Asinara a nord, San Pietro e Sant'Antioco a sud.
Le **montagne** sarde hanno forme levigate e altezze modeste. Il principale sistema montuoso è quello del Gennargentu (1834 metri), nel centro dell'isola.
Per il resto una lunga serie di rilievi collinari e altopiani si alterna a brulle montagne; qui nascono i **fiumi** della regione, tutti brevi e a carattere torrentizio, molti dei quali si prosciugano, completamente o quasi, durante l'estate (i principali sono il Tirso e il Flumendosa). Sono stati creati alcuni **laghi artificiali**, come il Lago del Coghinas, del Flumendosa e il Lago Omodeo, per avere a disposizione acqua per la produzione di energia e per l'irrigazione.
La principale **pianura** sarda è quella del Campidano, di origine alluvionale e in parte bonificata, che si estende in diagonale tra il Golfo di Oristano e quello di Cagliari. Un'altra area pianeggiante si estende nel Nord-Ovest, nel territorio denominato La Nurra. Nel cuore della Sardegna si trova il selvaggio Altopiano della Giara di Gesturi, coperto da estesi sughereti.
La Sardegna è caratterizzata da uno **sviluppo costiero molto vario**. Dalle coste levigate dal vento della Gallura, procedendo in senso orario, si passa alle rocce a strapiombo e alle baie della costa orientale. Incontriamo poi la costa del sud, bassa, sabbiosa e caratterizzata dalla presenza di stagni. Dopo l'Isola di Sant'Antioco, collegata alla regione da un ponte, inizia la costa occidentale; qui si susseguono le dune di Piscinas, le falesie della Costa Verde, il litorale basso e paludoso del Golfo di Oristano e le bianche scogliere di Capo Caccia. Infine, a nord-ovest, c'è il Golfo dell'Asinara, al largo del quale sorge l'omonima isola.

Territorio

SUPERFICIE: 24.090 km²

Monti:
Punta La Marmora, Gennargentu (1834 m),
Punta Corrasi (1463 m),
Monte Limbara (1359 m),
Catena del Goceano (1259 m).

Fiumi:
Tirso (150 km),
Flumendosa (127 km),
Coghinas (123 km).

Laghi:
Lago del Coghinas,
Lago del Flumendosa,
Lago Omodeo (tutti artificiali).

Isole:
Asinara,
Maddalena,
Caprera,
San Pietro,
Sant'Antioco,
Tavolara.

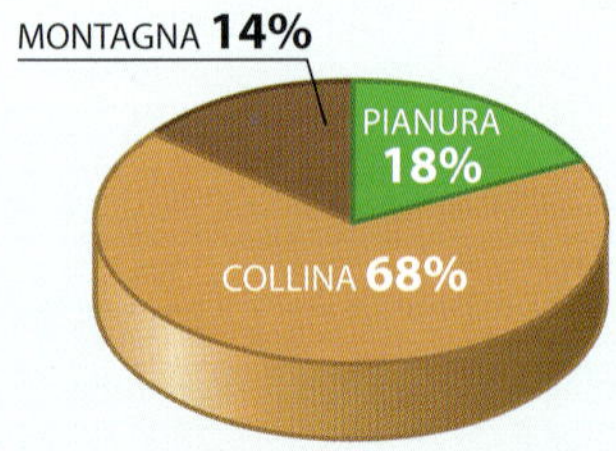

GUIDA ALLO STUDIO **FISSO I CONCETTI**

1 Trova sulla carta la vetta più alta dell'isola.
2 Individua la principale pianura sarda. In quale zona si trova?
3 Evidenzia sulla carta le isole più piccole che appartengono alla Sardegna.

▼ I versanti rocciosi del Gennargentu.

Cagliari

La Cattedrale.

Cagliari sorge ai margini del Campidano, nella parte più interna del golfo omonimo. La zona era abitata fin dalla preistoria, ma la città fu fondata dai Fenici (con il nome di *Caralis*), che ne fecero uno dei loro principali scali commerciali. Oggi è il più importante centro economico, politico e culturale della Sardegna, sede del Governo della regione autonoma. La **città antica** sorge su un colle, dove si trova un belvedere panoramico da cui si può godere una splendida vista sul mare. Più in basso si estende invece la **città moderna**, vivace e ricca di aree verdi. Un ruolo importante nello sviluppo e nella vita della città è quello del porto, il principale dell'isola, che favorisce gli scambi commerciali e le attività industriali, specie nel settore petrolchimico.

I monumenti più importanti si trovano nella zona di *Su casteddu*, l'**altura fortificata** considerata il centro storico della città. Qui è possibile visitare un **anfiteatro romano** del II secolo, quasi interamente scavato nella roccia. Per entrare nel cuore della città bisogna recarsi in Via Roma, luogo prediletto dai cagliaritani per una passeggiata vista mare sotto gli animati portici.

Il bastione di St. Remy (fine XIX secolo).

▲ La Pianura del Campidano.

Il clima

Il clima è perlopiù **mediterraneo**, con estati lunghe e ventilate e inverni piuttosto miti. Fanno eccezione limitate aree dell'entroterra alle quote più elevate. Nell'interno si registrano temperature più basse, soprattutto sui rilievi. Le precipitazioni sono scarse e concentrate nei mesi invernali. Sulla Sardegna soffia spesso il **maestrale**, un vento che proviene da nord-ovest. Il clima secco e ventoso facilita purtroppo il diffondersi degli incendi, frequenti soprattutto nella stagione estiva e spesso di origine dolosa.

La popolazione e le città

La Sardegna è una delle regioni meno densamente popolate del nostro Paese. La popolazione si concentra **lungo le coste** e **nei pochi centri maggiori**, tutti di dimensioni generalmente ridotte, con la sola eccezione di Cagliari, e nei centri minori, separati gli uni dagli altri da vaste aree disabitate.

Nella regione montuosa della Barbagia, alle pendici del Gennargentu, si trovano piccoli comuni isolati, mentre lungo le coste sono numerosi i centri turistici, affollati soltanto durante il periodo estivo. La Sardegna è una **regione a statuto speciale**.

Città e province

Lo stemma della Sardegna rappresenta una croce rossa su fondo bianco con quattro mori bendati di bianco.

Capoluogo: Cagliari.
Altre province: Carbonia-Iglesias, Medio Campidano (Sanluri- Villacidro), Nuoro, Ogliastra (Lanusei-Tortolì), Olbia-Tempio (Olbia-Tempio Pausania), Oristano, Sassari.

Popolazione: 1.658.138 ab.
Densità: 69 ab./km²

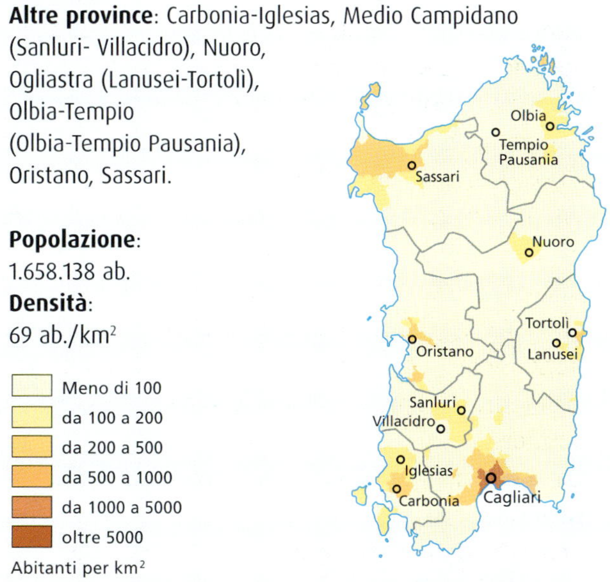

GUIDA ALLO STUDIO FISSO I CONCETTI

1 Nell'interno e lungo la costa la densità di popolazione è simile?
2 Fra i capoluoghi di provincia vi sono centri di grandi dimensioni?
3 Da che tipo di insediamento sono caratterizzate le coste?

GEO FOLK

I misteriosi riti del Carnevale sardo

In diversi centri dell'entroterra sardo si svolgono ancora, durante i giorni del Carnevale, riti e cerimonie che hanno origini antichissime e che sembrano avere poco a che fare con l'allegria, i costumi e gli scherzi del moderno Carnevale che siamo abituati a conoscere. A Mamoiada, per esempio, un piccolo centro della Barbagia, si assiste all'impressionante **processione dei Mamuthones**, uomini vestiti con pelli di pecora e maschere nere scortati come prigioneri per le vie del paese dagli Issohadores, vestiti di rosso e con una maschera bianca. Un altro Carnevale tradizionale è quello di Lula, sempre in Barbagia, dove il Batileddu, un uomo vestito con le pelli e le corna di un montone, nel corso di una cerimonia viene "ucciso" ritualmente. Al giorno d'oggi si svolge tutto per finta, ovviamente, ma alcuni studiosi pensano che la rappresentazione attuale sia il riflesso di un antichissimo rito realmente praticato in passato.

I Mamuthones.

▲ Un pastore con il suo gregge.

▶ Il pecorino.

Attività economiche

ADDETTI PER SETTORE

Popolazione attiva: 66,1%
Disoccupati: 18,8%

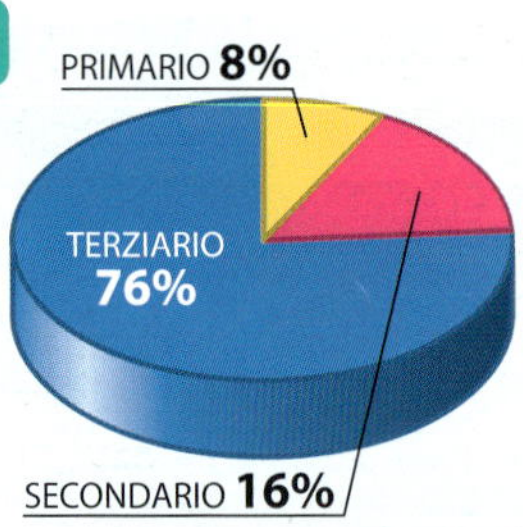

L'economia

La risorsa di maggiore importanza per la Sardegna è costituita dal **turismo**, che negli ultimi decenni ha contribuito a un notevole progresso economico e a un importante processo di modernizzazione dell'isola, sia pure con rilevanti differenze da un'area all'altra.
I benefici promossi dal turismo si concentrano, infatti, soprattutto in alcune aree costiere, come la Costa Smeralda e le coste sud-occidentali. Altrove la regione soffre ancora di una certa arretratezza e povertà, dovute da un lato all'isolamento, e dall'altro alla scarsa fertilità del suolo.
L'**agricoltura** è sviluppata specialmente nella Pianura del Campidano, dove sono diffuse le **coltivazioni intensive**: si producono ortaggi, uva, mandorle, legumi e cereali. Altre coltivazioni tipiche della Sardegna sono quella della quercia da sughero e, in misura minore, del tabacco.
Tra le risorse più importanti dell'isola c'è poi l'**allevamento** degli ovini e dei caprini, da cui deriva un'ottima e abbondante produzione di formaggi.

GUIDA ALLO STUDIO FISSO I CONCETTI

1 Il turismo è diffuso in modo uniforme in tutta la regione?
2 Quale tipo di allevamento è particolarmente sviluppato in Sardegna?
3 L'industria mineraria è ancora importante? Per quale motivo?

▲ La Costa Smeralda.

◀ Lavorazione del corallo ad Alghero.

Relativamente poco sviluppata, in rapporto alla notevole estensione costiera, risulta invece la pesca.

Il sottosuolo è ricco di minerali (zinco, piombo, carbone, talco), ma per l'elevato costo degli impianti di estrazione molte **miniere** sono state chiuse. È invece notevole la produzione di sale marino.

I più importanti **stabilimenti industriali** sono quelli petrolchimici di Cagliari e Porto Torres. Nel Nuorese si trovano aziende specializzate nella produzione di fibre tessili e della carta. Molto sviluppato ovunque è l'**artigianato**, con una produzione che varia dal corallo, al legno intagliato, ai tessuti.

Le **vie di comunicazione** interne sono piuttosto carenti; nonostante il recente potenziamento la rete stradale è insufficiente e la rete ferroviaria poco sviluppata. Più efficienti sono i collegamenti con la penisola, sia quelli marittimi sia quelli aerei. I principali porti sono quelli di Cagliari, Porto Torres e Olbia, molto attivi soprattutto durante i mesi estivi. Gli aeroporti principali sono quelli di Cagliari, Alghero e Olbia.

GEO PATRIMONIO

Il nuraghe Is Paras a Isili, in provincia di Cagliari.

La Sardegna conserva suggestive tracce di antiche civiltà scomparse. Tra queste la più caratteristica è quella nuragica, una civiltà in gran parte misteriosa, che si sviluppò sull'isola durante l'Età del Ferro. Ne danno testimonianza numerosissimi **nuraghi**, edifici di pietra a forma di tronco di cono (se ne contano oltre 7000!) che svolgevano funzioni di difesa e forse anche di abitazione. Puoi incontrarli su tutto il territorio sardo, isolati oppure accorpati in insiemi che dovevano corrispondere a veri e propri villaggi. Altre affascinanti testimonianze di epoche antiche si trovano a **Tharros**, nei pressi di Oristano, dove è stata riportata alla luce una città fenicia, successivamente passata sotto il dominio di Cartagine e di Roma; le rovine sono in gran parte sommerse dal mare, ma sono ancora visibili i resti delle case, delle strade lastricate, di una costruzione fortificata, di un santuario e di un tempio.

I resti della città fenicia di Tharros.

Referenze fotografiche
Archivio Giunti, Firenze: p. 9c, p. 12 bs, p. 14 as, p. 15 cd, p. 15 bc, p. 17 bs, p. 23 as, p. 24 as, p. 24 ad, p. 25 as, p. 33 ad, p. 37 ad, p. 41 cs, p. 46-47 ac, p. 49 ad, p. 49 ac, p. 49 c, p. 54 ad, p. 54 as, p. 61 as, p. 61 ac, p. 64 cs, p. 68 b, p. 69 c, p. 70 b, p. 71 a, p. 75 cd, p. 79 c, p. 80 ad, p. 81 as, p. 81 cs, p. 89 as, p. 89 b, p. 93 as, p. 93 cs, p. 93 bd, p. 95 c, p. 97 cs, p. 97 ad, p. 103 as, p. 104 as, p. 105 ad; p. 105 cs, p. 117 as.
Agenzia Controluce: © PRESSPHOTO p. 83 cd; © Giusva Cennamo p. 92 cs.
© Archivio e Centro Storico Fiat: p. 81 ac.
© Marco Casiraghi Milan: p. 111 cd.
© Carlo Cerchioli/Grazia Neri: p. 25 cs.
Corbis: p. 19 cs, p. 24 cd, p. 30 bd, p. 37 as, p. 105 bd, p. 109 as; © Splash News p. 71 bs; © Sandro Vannini p. 82-83 c, p. 86 cs.
Courtesy Giovanni Francesco Mirgovi: p. 19 as.
Courtesy Archivio della Provinicia di Rovigo, Servizio Turismo: p. 26-27.
CuboImages: © Pietro Celesia p. 9 as; © Isabella Pino p. 16 bs; © Gisella Motta p. 21 cs; © Federico Meneghetti p. 28-29 bc, p. 29 bs, p. 33 cbd, p. 40 bs. p. 78 bd, p. 96 cd, p. 104 cd; © Enrico Caracciolo p. 29 as; © Paolo Allegris p. 29 bd; © John Warburton-Lee p. 33 bd; © Bluered p. 48 cd, p. 48-49 ac, p. 63b, p. 65 bc, p. 66 b, p. 72 cd, p. 80 cd; © Enrico Fumagalli p. 55 as; © Gimmi p. 58 bd; © Robert Harding p. 65 ad; © Elio Lombardo p. 65 c; © Paroli Galperti p. 69 bd; © Marco Simonini p. 83 ad; © Alfio Giannotti p. 85 as, p. 86 cd; © Mauritius p. 85 cs, p. 115 ad; © Anania Carri p. 90 b; © Ghigo Roli p. 91 ad; © DionisioIemma p. 96 cda; © Mario Fabrizio p. 98-99; © Riccardo Lombardo p. 107 cd, p. 108 bd; © Nicola Iacono p. 115 bd; © Marco Casiraghi p. 119 ad.
Fotolia: © giemmephoto p. 6bs; © The Factory p. 10-11 c; © Lorenzo Galluzzi p. 23 ad; © Luana Rigolli p. 51 cd, p. 60 cd; © Sailorr p. 53 cs; © anna p. 55 c; © kenzo p. 67 cd; © fabiomax.com p. 70 cd; © francovolpato p. 71 cs; © pinoperrotta1972 p. 79 bd; © babyfalk p. 88 b; © alessandroalex66 p. 92 ad.
Getty Images: p. 37 cd, p. 113 b; © Guido Barberis p. 12 bd; © Slow Images/Photographer's Choice p. 58 c; © Giorgio Cosulich p. 74 cs; De Agostini p. 78 cd; © Edoardo Fornaciari/Gamma-Rapho p. 92 cd.
Marka: © McPhoto p. 8 ad, p. 54 cd; © Andrea Alborno p. 8 cd, p. 91 cs; © Giulio Andreini p. 8 cs; © Maurilio Mazzola p. 9 cs, p. 9 cd; © piga&amp, Catalano p 14-15 ac; © Danilo Donadoni p. 19 ad, p. 19 cd, p. 35 bd, p. 38 ad, p. 41 bd, p. 43 cd, p. 78 bs, p. 96 as, p. 101 bs, p. 104 cad; © Mario Bonotto p. 20 b, p. 26 bs; © Marco Albonico p. 22 b; Andrea Oldani p. 24 bs; © Gianni Congiu p. 25 ac, p. 114 bd; © Pietro Cappa p. 26 bd; © Marco Scataglini p. 27 bd, p. 67 cs, p. 68 a, p. 77 b, p. 80 as; © Gianni Fardelli p. 31 a; © Vito Arcomano p. 36 ac, p. 62 cd, p. 74 cd, 76 bs, p. 117 ad; © Alfred Schauhuber p. 36 cd; © Sieghart Mair p. 37 cs; © A. Villa p. 38 bs; © R. Linke p. 39; © Paolo Allegris p. 40 bd; © Jean-Marc Charles: p. 43 cs; © Giovanni Mereghetti p. 48 cs; © Cesare Salvadeo p. 56 bs; © Frank Lukasseck p. 56 bd; © Sergio Pitamitz p. 57 bd; © Giorgio Allegretti p. 58 bs, p. 111 ac; © G Kopp p. 59 c; © Carlo Bevilacqua p. 60 cs; © José Antonio Moreno p. 61 ad; © John A Rizzo p. 64-65 a; © Christian Handl p. 70 as; © Norbert Eisele-Hein p. 76-77; © Walter Bibikow p. 87 as; © Vittorio Sciosia p. 87 cs, p. 110 as; © Petr Svarcimagebroke p. 98 bs; © Lorenzo Sechi p. 100 b; © Stefano Batistini p. 105 cd; © Ellen Rooney p. 106 bs; © Yadid Levy p. 108 as; © Kevin Galvin p. 110 ad; © Claudio Ciabochi p. 112-113 a; © Juan Carlos Muñoz p. 112-113 b; © Wegner p. 115 cas; © Markus Lange p. 117 c; © Franco Pizzochero p. 118 cd.
Milestone Media/Alamy: © David Keith Jones p 6bc; © Arco Images GmbH p. 11 bd; © Stefano Politi Markovina p. 13 as; © Studio van Assendelft p. 45 cs, © Peter Barritt p. 50 c; © Maurice Joseph p. 60 ad; © Robert Leon p. 83 bd; © Grega Rozac p. 116 bd.
PANDA PHOTO: p. 41 bs, p. 67 ac, p. 107 as, p. 107 ad, p. 115 as; © M. Broglio p. 7 bd; © F. De Marco p. 28 bs, p. 47 cs; © C. Borghini p. 34 bs; © E. Rovelli p. 73 bd; G. Marcoaldi p. 73 bs; M. Melodia p. 84 b; © T. Vailo p. 101 cs; © E. Coppola p. 105 as.
© Photolibrary.com/SIS Images: p. 11 ad, 45 ad.
© PHOTONONSTOP: p. 53 ad.
© Pro Loco Opi: p. 74 ad.
Realy Easy Star: p. 10 bs, p. 15 ad, p. 89 ad, p. 101 cas, p. 105 c; © Cesare Re p. 6as; © Claudio Ciabochi p. 61 cs; © Giovanni Lattanzi p. 72 bd; © Toni Spagone p. 95 bd.
SIME/SIE: © Cellai Stefano p. 21 ad, 22 c; © Massimo Ripani p. 25 ca, p. 49 cas, p. 59 bs, p. 67 b, p. 79 bs, p. 115 cs; © Da Ros Luca p. 29 cd, p. 55 cs; © Huber Johanna p. 29 ad, p. 32 bc, p. 33 cs, p. 35 c, p. 42 cd, p. 47 ad, p. 55 ad, p. 59 bd, p. 87 ad, p. 119 bd; © Dutton Colin p. 32 cd; © Raccanello Sandra p. 42 cs, p. 45 as, p. 62 cs; © Baviera Guido p. 43 ad, p. 74 as; © Mezzanotte Susy p. 49 cs; © Rellini Maurizio p. 62 b, p. 65 bs; © Giovanni Simeone p. 87 cd, p. 102 as, p. 104 ad, p. 111 ad; © Saffo Alessandro p. 101 cad, p. 101 cd; © Piai Arcangelo p. 102 bd, p. 103 c; © Bartuccio Antonino p. 107 b; © Morandi Bruno p. 118 as; © Canali Pietro p. 118-119 a.
Tips Images: p. 11 as, p. 14 ac, p. 15 bd, p. 15 cs, p. 16 cs, p. 18 ad, p. 19 acd, p. 30 as, p. 32 ad, p. 33 as, p. 33 cad, p. 36 ad, p. 51 as, p. 51 ad, p. 55 bd, p. 63 cs, p. 71 cd, p. 82 bs, p. 83 ac, p. 87 bd. p. 101 ad, p. 110 cd, p. 118 cad, p. 119 cs; © F1 Online p. 7 bs; © Arco Digital Images p. 10-11 b, 44 bs; © Hermes Images p. 16 ad; © Francesco Tomasinelli p. 16 cd, p. 18 as, p. 50 bc, p. 101 as; © Christian Kober/Robert Harding p. 17 bd; © Top Photo p. 20 cs, p. 99 bd; © Alberto Nardi p. 21 as, p. 83 as; © Guido Alberto Rossi p. 21 bs, p. 21 bd, p. 40 as, p. 43 as, p. 50-51 bc, p. 75 as, p. 75 cs, p. 89 cd, p. 93 cd, p. 94 cd, p. 94 bs, p. 94 bd, 96 ad, p. 111 bd; © Bildagentur p. 34 bd; © Massimo Pacifico p. 34 cd; © Mark Edward Smith p. 45 bs, p. 45 bd, p. 111 c; © Massimo Dallaglio p. 46 bs; © Walter Zerla p. 50-51 c, p. 109 cd; © Daniele La Monaca p. 51 bd; © Aris Mihich p. 52 b; © Marcella Pedone p. 67 ad; © Masino p. 69 ad; © Cyril Bana - Author's Image p. 71 bd; © Giuseppe Masci p. 72 bs; © Antonio Capone p. 81 cd, 85 ad, 85 c; Andrea Pistolesi p. 85 cd; Giuseppe Masci p. 86 ad; © Vittorio Valletta p. 89 cs; © Franco Taddio p. 107 cs; © Tommaso Di Girolamo p. 109 cs; © Paolo Curto p. 115 cd, 116 as.

Testi di Alessandro Cavallini, Etta Vismara
con aggiornamenti e integrazioni a cura di **Davide Bianchi**,
cui si devono anche le pagine 98-99.
Le pagine 26-27, 38-39, 56-57, 76-77 e 112-113
sono di **Luigi Boneschi**.

Progetto editoriale Team Giunti TVP
Direzione editoriale Angela Cattaneo
Coordinamento editoriale Carlotta Ferrari Lelli

Coordinamento di redazione Mattia Goffetti
Redazione Luca Pozzati
Progetto grafico e impaginazione Patrizia Ne
Copertina Matteo Urro
Ricerca iconografica Claudia Hendel
Cartografia Archivio Giunti

Sviluppo multimediale
Direzione Giuseppe Dino Baldi
Coordinamento e realizzazione Chiara Montagnani
Redazione Erika Mantovani

Questo corso è rispondente alle indicazioni del Progetto Polite per la formazione di una cultura delle pari opportunità e del rispetto delle differenze.

www.giuntitvp.it
www.giuntiscuola.it

Prima edizione

MISTO
Carta da fonti gestite
in maniera responsabile
FSC® C016466
FSC
www.fsc.org

Stampato presso Lito Terrazzi srl, stabilimento di Iolo